経済大国日本の経営

―豊かさのゆくえ―

廣瀬 幹好

関西大学出版部

【本書は関西大学研究成果出版補助金規程による刊行】

目次

第一章 「成功」の謎解き

1 背景

日本的経営をめぐる議論は、第二次大戦後の日本において、経営学の中心テーマの一つであった。その背後には、欧米に追いつき追い越せという問題意識が絶えずあった。だから、日本的経営論の歴史は、日本企業の経済業績の自己確認の程度とともに変化する歴史であった。この歴史は、一九七〇年代半ばの世界的な不況を契機に、その前と後とでは質的に大きく変化する。これ以降、日本的経営論が、劣等感にではなく優越感に裏打ちされて主張されるようになってきた。なぜなら、戦後最大の不況を経験しながら、先進資本主義諸国の経済停滞を後目に、わが国は経済大国への道をひた走りに走っていたからである。

この高い経済的業績の自己確認は、「ジャパン・アズ・ナンバーワン」(1)との評価にくすぐられ、七〇年代末から八〇年代初頭に、日本の特殊な優秀さを説く潮流を生みだした。だが、この特殊性の強調が欧米諸国のきびしい批判をみるや、八〇年代後半以降には一転して、その普遍性の探求へと変容する。特殊ではなく普遍性をもつ日本的経営の、「先進性」を強調するようになる。しかし、九〇年代に入って日本企業の経済業績が停滞するや、この先進性が幻想であったことを自覚させせられる。

このように八〇年代の日本的経営論は、「成功」の謎解きであったし、また成功が何を意味するかを深く問うこともなかった。成功幻想に浮かれて普遍性の追求に向かうのではなく、欧米諸国からの日本的経営の特殊性批判に真摯に耳を傾ける必要があったのである。そこでこの章では、経済大国幻想にとりつかれていた八〇年代後半のあまりに自信に満ちた日本的経営論の特徴を紹介しつつ、そこにはらむ問題点について検討する。(2)

一九七〇年代後半から八〇年代初期にかけての一時期、アメリカでは日本的経営を礼賛するブームがあった。これは、日本の経済パフォーマンスの高さを背景に、アメリカの経営スタイルの弱点を指摘しこれを克服することをねらいとしていた。だが、その内容展開は多岐にわたっており、この状況をある論者は、“Japanese Management Theory Jungle”とネーミングした。(3)

八〇年代の後半になってわが国において日本的経営の議論が活発化し、また、その論調も従来とはちがうものに変化する。それまでは、なぜ日本が優れた経済パフォーマンスを実現しえたのかについて、日本の特殊性、とりわけ協調的な労使関係の存在が主に注視されていた。

八〇年代の後半以降の日本企業は、急激な円高基調を背景に急速な海外展開を開始した。特に、自動車や電機産業を中心に。日本企業のマネジメント・スタイルがアメリカやヨーロッパのマネジメント・スタイル、とりわけアメリカのそれと触れ合い、また影響を与え、同じ風土のもとで比較されるようになった。それらの地域においても、日本企業のパフォーマンスは上々だった。日本企業もアメリカ企業と同じ環境の場で活動しているのに、なぜに日本企業のパフォーマンスがアメリカに比べて上出来なのかが本格的に問われ始めたのである。この段階に至って、日本的経営を国際的視野で論じる条件が整った。日本国内で活動している日本企業のパフォーマンスの良さと、アメリカで活動しているアメリカ企業のパフォーマンスの相対的な低さを比較するのでなく、同じ土俵に上がった両者の比較が可能となったのである。

その際、日本的経営の優秀さについての議論の焦点は生産の場に向けられた。作業組織の環境適応性、すなわちフレキシビリティが、日本企業のハイ・パフォーマンスの秘密だとみなされるようになった。そこでは、情報効率性とインセンティブ効率性という問題が一つの重要論点を形成している。つまり、ヒエラルキー型の欧米マネジメント・スタイルと対比した場合、日本のマネジメント・スタイルが情報ならびに労働者に対するインセンティブの点で効率的だという論調が勢いを得たのである。しかも、この日本的スタイルが欧米においても十分に適用可能であり、したがって普遍性を持っている、さらにいえば日本的スタイルが欧米スタイルのより進んだものだ、との主張にまで至る論者も少なくなく、そのような人々は、日本企業は単に結果としての生産性だけでなく、結果をもたらすマネジメントに関しても欧米企業を乗り越えた、と主張しているのである。そこまでいわないにしろ、少なくとも日本のマネジメントが欧米のそれと比べて優秀な側面を数多くもっている、と多くの人びとが考えるようになった[4]。

従来、日本企業の生産性の高さを、つまりは日本的経営の高い成果を労使関係の良好さ（その評価は別にして）に帰するのが伝統的な説明であった。だが八〇年代後半以降、人事・労務という視野をこえて、マネジメント全体としてのわが国企業の欧米とりわけアメリカ企業との比較に焦点が当てられている。すなわち、日本企業の良好な経済業績をわが国特有な労使関係にではなく、マネジメント・スタイルの比較に求め、その普遍性、先進性を強調するに至ったのは、とりわけ八〇年代後半以降の現象である[5]。

このような日本的経営礼賛論は九〇年代のバブルの崩壊とともに消え去ったが、わが国の経営論の特徴を理解するうえでの歴史的教訓となっているといってよい。本章においては、情報効率的であるとされる日本的生産システムが同時に労働者の積極的な創意を引き出すシステムでもあり、さらにこのシステムが欧米モデルに比べて民主的で普遍性をもち先進的である、と主張する日本的経営論を紹介しつつ、その主張のはらむ問題点について検討する。

（1）ハーバード大学教授であったエズラ・ヴォーゲルが出版した次の書物の名前である。Vogel, Ezra F. *Japan as Number One: Lessons for America*（Cambridge, Mass.: Harvard University Press), 1979.　エズラ・F・ヴォーゲル／著、広中和歌子・木本彰子／訳『ジャパン・アズ・ナンバーワン　アメリカへの教訓』TBSブリタニカ、一九七九年。
（2）一九八〇年代初期までの日本的経営論を全体的に概観するには、次の文献が有益である。津田眞澄／編『現代の日本的経営――国際化時代の課題――』有斐閣、一九八二年。
（3）Key, J. B. and T. R. Miller, "The Japanese Management Theory Jungle," *Academy of Management Review*, 1984, 9(2), pp. 342–353.
（4）下川浩一は、トヨタ・システムとフォード・システムの綿密な比較に基づき、トヨタ・システムがフォード・システムとまったく異質なものではなく、効率的生産という根を同じくしながらもその発展的な形態であること、を歴史的な視点から指摘している（下川浩一「フォード・システムからジャスト・イン・タイム生産システムへ――自動車生産システムにおける国際移転、両者の関連と変容についての歴史的考察――」中川敬一郎／編『企業経営の歴史的研究』岩波書店、一九九〇年、二八四～三〇三頁）。土屋守章も、アメリカ的大量生産体制が根本的に行き詰まっており、これに代わり得るものを模索する必要性を指摘している（土屋守章「アメリカ的大量生産体制の盛衰」中川敬一郎／編同前書、一六三～一七七頁）。また、一九九〇年度の『経済白書（年次経済報告　持続的拡大への道）』（一九九〇年八月七日）がその論点を技術開発力に絞りつつも、日本的経営の先進性を論じているという事実が、それを証拠だてている。
（5）日米のマネジメント・スタイル全般を比較した研究の代表的業績のひとつは、加護野忠雄・

野中郁次郎・榊原清則・奥村昭博『日米企業の経営比較──戦略的環境適応の理論』日本経済新聞社、一九八三年である。

2　柔軟な職務

情報効率性

日本の企業組織は生産の場で非常に効率性が高いといわれている。日本企業においては各人の職務が柔軟で、市場の変動に迅速で伸縮的に適応する能力（これを一般にフレキシビリティという）が高いことがその理由だとされている。生産の場での効率を情報効率という概念で説明する青木昌彦の見解がその代表であるので、まずこの主張を中心にみていこう。

青木は、情報処理システムの西洋モデルと日本モデルを対比して、次のように述べている。規模の経済性が利点を持つような市場技術的環境のもとでは、中央集権的な意思決定と作業調整（青木の用語では、ヒエラルキー的な意思決定とコーディネーション）に示される西洋型情報処理システムが効率的であった。だが、何らかの理由で規模の経済性が作用せず、市場変動に対して伸縮的ですばやい適応が要求されるとき、西洋型情報処理システムの効率性は問題含みとなる。この点もう少し詳しく青木の説明を聞こう。青木の定義する西洋モデルは次のよう

な特徴をもつ。(1)

（一）　それぞれの構成単位は明確に定義された「専門的」機能のもとに結集している。
（二）　それぞれの構成単位はそれぞれにたいし報告の義務をもつ、一つの、そしてただ一つの直接的な上司をもち、またいかなる二つの構成単位間のコーディネーションも、彼らに共通な上司を通じてなされる。
（三）　すべての単位にたいして上司であるようなたった一つの単位（すなわち中央機関）が存在する。

スケール・メリットが存在するもとでは、標準的な商品を数多くの消費者が需要するという大量消費市場にたいして生産が行われる。そこでは、市場における需要動向も予測可能であり、市場環境の変化にたいして在庫バッファーを調整することによる中央での集中的生産計画によって、西洋システムで十分に対処可能であった。

だがこの条件がなくなると、需要変動にたいして在庫調整による生産調整はコストが非常に高くなる。また、作業組織を変化の激しい市場需要に伸縮的かつすばやく適応させる上で、厳密な専門化が適さなくなる。さらに、青木の指摘する次の点は、特に重要である。

情報と意思決定の集中化は、ショックを知覚した時点から、オペレーショナルな適応を実行するまでの期間、コミュニケーション過程における雑音やタイム・ラグにさらされることになる（たとえば、変動する市場条件にかんする情報は、最初販売部門によってスクリーンされ、次に生産企画室へ伝達され生産計画へと変換されなければならない。生産計画はしかるのちに、行程管理室を通じてそれぞれの職場へと分解されて伝達される）。もし中間生産物のフローが生産企画室によってコントロールされるならば、それぞれの構成単位のインターフェースにおいて利用可能な有用な現場知識（たとえば中間生産物の質であるとか、配達の時間に影響を与えるような事態などにかんする）は、利用され尽くしえないということがあるだろう。[2]

以上の西洋モデルと対比される、市場伸縮的で情報効率的な日本モデルとしてよく例示されるのは、周知のトヨタ生産方式におけるカンバン・システムである。[3] 青木はこれを情報効率面から取りあげ、「半水平的な作業のコーディネーション」として特徴づけている。つまり、作業の調整が中央集中的＝垂直的に行なわれるのではなく、下部に調整権限がおろされている（半水平的な）システムだと把握しているのである。

カンバン・システムでは、暫時的な生産計画が規則的に中央生産企画室によって作成されるが、この計画は各職場にたいしての一般的なガイドラインにすぎず、現実の市場情報の変化に応じて迅速に生産スケジュールは調整されるようになっている。さまざまな品種にかんする個別的需要の発生する現実の市場により近い職場（下流）からの情報が、注文書（＝カンバン）によって川の流れとは逆に、外部の部品供給業者も含めた生産の場により近い職場（上流）へと、順次すばやくかつ正確に流れるのである。

半水平的な作業コーディネーションの基本は、変化する市場需要にかんする情報を直接に生産システムに伝達し、集権的なオフィスの介在なしにそれを必要に応じ、多数の構成要素に伝播することである。(4)

以上のように、青木の主張によれば、日本型情報処理システムが西洋型に比べて優秀なので高い生産効率をもたらしているのである。

作業組織の柔軟性

ではこのような効率的な情報処理システムを可能にしている条件は何なのか。この点について、小池和男が明快に説明している。

小池は「めざましい効率の根拠は、明瞭に職場のソフトウェア技術、すなわち生産労働者の技能であることがわかった」として次のように断言する。(5) つまり、日本の生産現場の労働者たちは、機械の構造や生産の仕組みについて熟知しており、どこでどうしてトラブルが起こったかについての原因推理能力という知的熟練を持っているから、異常に対して的確に対応できるのである。だから、会社への忠誠心や特異な勤労観といった特殊文化的な要因が日本企業の高い経済効率を生み出しているのではない、と。局所的緊急事態、つまり生産現場での緊急事態をすばやく処理するには、「機械の構造や生産の仕組みについて熟知しており、どこでどうしてトラブルが起こったかについての原因推理能力という知的熟練」を各労働者が身につけていなければならない。職務区分が厳密でない、つまり曖昧かつ流動的だという作業組織上の特徴によって、日本企業はこれを可能にしている、というのが小池の見解である。つまり、この曖昧で流動的な職務区分を特徴とするわが国作業組織では、規則的な職務のローテーションを通じて多技能労働者の養成を目的とし、こうして職場での一連の作業過程の全体的な性質を労働者に教え込む。

広範な技能に熟練するように養成された労働者は、たとえば欠陥商品がなぜ増加したかを理解し、またこの状況に対処する手段を見いだし、実行し、さらにはさほど大きな外部からの助力を受けることなしに、問題の再発生を防止するなどということをなしうる。そして生産物の欠陥が、最終の検査部門により発見されるのでなく、問題が生じたところで発見され、改善の手段がただちに取られることが可能となる。かくして、半水平的コーディネーションのメカニズムの有効性は、職場の作業組織の技能、判断、協力などに依存することになる(6)。

以上の説明に明らかなように、日本の生産システムは「現場主義」である。したがって、日本の生産システムの効率に決定的に影響するのは、そこで働く労働者の生産へのかかわり方である。労働者各人が、生産の仕組みをまず十分に理解し、また生産の効率を高めるために絶えず積極的に参加すること、という人的要素の特徴が効率的生産の必須条件となる。この条件が満たされないとき、日本企業の生産技術の長所は活かされず、生産効率は損なわれる。すなわち、日本の生産システムは、人的要素の効率性いかんが生産の効率性を規定するという特徴をもっているのである。

八〇年代後半の日本的経営論の特徴は、この人的要素の効率化に、日本企業が特有のやり方で成功しているという点にある。次にこの主張を検討する。

(1) 青木昌彦『日本企業の組織と情報』東洋経済新報社、一九八九年、二九頁。
(2) 同前、三三頁。
(3) トヨタ生産方式については、大野耐一『トヨタ生産方式――脱規模の経営をめざして――』ダイヤモンド社、一九七八年を参照のこと。
(4) 青木昌彦、前掲書、三六頁。
(5) 小池和男「日本型生産方式の〝強さ〟をさぐる――高い効率を支える職場のソフト技術」『エコノミスト臨時増刊　経済白書総特集』毎日新聞社、一九九〇年八月、三三頁。
(6) 青木昌彦、前掲書、三八頁。

3　人間尊重の経営

これまでの説明は、どちらかといえば日本の生産システムの機能的組織的な合理性についての見解を要約したものだが、ここでは、日本企業の生産システムの「人間性」重視を特に強調する二人の見解を概観する。

生産のヒューマンウェア

まず、労働経済学の専門家である島田晴雄は、日本の技術体系を「人間のはたらき、とりわけ現場の作業者のはたらきに深く依存した独特な技術体系」「日本型ヒューマンウェア技術」[1]と呼んでいる。それは、働く作業者の働きがすぐれていれば高い成果を得られるが、反対に作業者の働きや資質に問題があればシステムの成果が大きく損なわれるという、「人的要素の問題点にきわめて敏感かつ脆弱な性格をもった技術」[2]である。

北米で活動する日本自動車産業の実態を調査・検討して、島田は、日本的経営は業績的にも人事管理の面でも成功していると主張する。彼によれば、日本企業が成功しているのは、日本の生産技術体系、つまり「人間のはたらき、とりわけ現場の作業者のはたらきに深く依存した独特な技術体系」「日本型ヒューマンウェア技術」が優秀だからである。生産の業績は、「労働者の勤労意欲や改善意欲を活用すること」[3]ができるか否かに強く依存しており、伝統的なアメリカ型の生産方式はこの点に大きな欠陥をもっている。

アメリカ型の特徴は、現場の作業者の自由度を抑え、生産技術者と生産管理者とが作業標準から具体的な作業方法に至るまで詳細を決めるという、中央集中管理による大量生産体制にある。それは、「現場の労働者と機械設備（ハードウェア）や生産システム（ソフトウェア）との相互作用を最小にするように技術体系が構成されている」「標準化され細分化され、かつ厳密に集中管理された労働システム」であり、「人間労働が創造的貢献のできる可能性を封じたシステム」である。それはまた、「労働者の資質がバラバラでも意欲が低くてもそれによって生産が阻害されたり能率が低下することが最小限に防げるように形づくられた技術体系」[4]である。

島田によれば、日本と比較すれば、アメリカ型生産システムは人的要素に依存しないシステム、すなわち人間を尊重しないシステムである。これに対して、日本のシステムは、柔軟な職務構造に基づくチームワークを核とした現場重視の、いいかえれば現場に日常業務の意思決定権限の委譲と責任を与えている。チーム内での頻繁な接触とコミュニケーションによるメンバー間の情報の共有や問題解決への参加が、高い勤労意欲を生み出すことになる。島田は、アメリカ型が中央からの指令によって特徴づけられる「情報のプッシュ・システム」だとすれば、それに対して日本型は「情報のプル・システム」だという。

情報のプル・システムで重要なことは、現場で働く人々が、今、何が、どれだけ必要とされているかということについて的確な判断をもち、それに応じて生産活動の上で適切な対応行動をとれるということである。それを促進する具体的なしくみがカンバン方式であるか資材運搬チームであるかという形態は必ずしも本質的なことではない。中央から送られてきた情報が、現場の実態にくらべて適切なものであるかどうかの判断なしに、ただ命令にしたがってたんに生産活動をすることが、しばしば現場で資材や半製品の配給の過不足をもたらし不効率を生む。これが集中管理による情報のプッシュ方式の欠陥のひとつであった。プル・システムでは、現場における人間の判断の役割を積極的に活用することによってこのムダを省くことに大きな意義があるのである。(5)

日本の生産システムは現場主義であるため、労働者の改善への参加と責任感を生み出すインセンティブが特に重要になる。そして、現場主義は現場に頭を返すことを意味しており、テイラー主義的な人間機械視と違って生産現場の創意を汲み上げることによって、労働者の自発性を獲得するのを可能にした。

他方で、アメリカ型の生産システムは、職務記述書によって細かく職務が細分化、限定化されており、労働者は指図された職務以外は行うことができない。したがって、現場の業務的意思決定に関しても労働者にはその権限も委譲されておらず、責任もない。このような伝統的なアメリカ型生産システムのトップダウン方式と対比して、ヒューマンウェアを特徴とする日本の生産システムが労働者にたいするインセンティブの面でも効率がよい、これが島田の主張である。

人本主義経営

島田と同じく、日本企業の活力とその成功の本質が人を活かすことだととらえながら、もう一歩踏み込んで、日本は民主化された企業社会＝人本主義社会をつくりだし、特にこれの労働者に対するインセンティブ面での成功が高い経済効率を促した、との主張を展開するのが、伊丹敬之である。

伊丹のいう人本主義は、三つの要素からなる。従業員主権、情報や意思決定などの共有、組織的市場がそれである。従業員主権は、株主主権に対して、会社が自分達のものだとの意識を持たせることによって参加意欲を大きくし、また長期的で全体的な視野からの意思決定を容易にする。情報や意思決定の共有とは、情報、意思決定、付加価値を取得する権限が特定の人に集中せず「分散」していることを意味する。「トップダウンの経営、中央集権的な経営、大きな給料格差、現場における労働者と管理者の身分的とも言える扱いの違い」(6)に示される一元的シェアリングでない、「現場に頭を返した」(7)分散シェアリングは、労働者の参加意欲を促し経済効率を高める。組織的市場とは、企業間取り引きが短期的利益計算に基づく自由市場の原理でなく、これに組織の原理が混ぜ合わさったように行われることを意味する。つまり、売り手と買い手双方が「共同利益の最大化」をめざし、長期的協力関係を結ぶ。これにより長期的な視野を持つことも可能となり、また「売り手と買い手の間の情報伝達と情報蓄積の効率のよさという大きなメリットもある」(8)。

人本主義は「働く人々に、取引先の企業に、参加の意欲をあたえ、協力を促し、長期的視野をもたせ、高い情報効率を誇る」[9]点に良さがある。この良さは、「たんにモノ的に企業を捉えない」[10]ということにある。すなわち「安定的な人びとのネットワークをつくることによって、人と人とのつながりと社会的な構造にきめのこまかい配慮をすることによって、コミュニケーションと情報のネットワークに目を配ることによって、生まれてくる」[11]。

以上述べたように、伊丹の提唱する人本主義によれば、日本企業は、人を物的資源に準じて扱ってきた伝統的資本主義企業（米国型）とは違って、人は情報の処理・蓄積・創造という企業の重要な要素の主体であり、また企業のエネルギーを生み出す主体であるとの人間観に立って行動している。このように、人本主義は、経済効率の向上のために人の創意を汲み上げることを不可欠とし、日本の企業は、これを可能にしたシステムだとされる。

島田と伊丹とでは議論のパースペクティブに違いがあるが、ある一点で、つまりトップダウンの中央集権的な西欧的伝統モデルの企業（米国型）に対して、日本企業がボトム・アップで分権的であるがゆえに、情報効率的かつインセンティブ効率的となり、高い経済効率を達成したという点で、両者の主張は完全に一致する。一言でいえば、西洋と違って、現場に頭を返したことが成功のポイントだと主張している。言葉を換えれば、日本企業は働く人びとの自発性を引き出すその「民主的な」性格のゆえに成功した、との主張でもある。

しかしながら、果たして日本的経営は、島田や伊丹のいうように相対的であれ「人間尊重」

のシステムなのか、そして「人間尊重」であるが故に高い経済効率を生みだしたのであろうか。次にこの点を検討しよう。

(1) 島田晴雄『ヒューマンウェアの経済学――アメリカのなかの日本企業』岩波書店、一九八八年、一六〇頁。
(2) 同前、一一二頁。
(3) 同前、一一〇頁。
(4) 同前、一一〇～一一一頁。
(5) 同前、一七三～一七四頁。
(6) 伊丹敬之『人本主義企業――変わる経営　変わらぬ原理』筑摩書房、一九八七年、四〇頁。
(7) 同前、九〇頁。
(8) 同前、九五頁。
(9) 同前、九九頁。
(10) 同前、五二頁。
(11) 同前、九九頁。

4 自発と強制

自発性とは

イギリスの社会学者ドーアは、日本の労働者の「自発性」に疑問を呈し、次のように述べている。

> 経済効率性は勿論大切である。生産性を上げるに越したことはない。しかし、私だったら日本の企業の従業員にはなりたいとは思わない。第一、年に二二〇〇時間の労働を会社に捧げるのは後免こうむる。自分の私生活、家族生活、レジャー生活に対して労働生活を日本と同じ程度優先させなければならないとすればこれはいやだ。（そういう働き蜂の資質がどれだけ日本企業の競争力に貢献しているかを過小評価してはならないと思う。……）(1)

ドーアは、日本的経営の良好なパフォーマンスと働きすぎ（「働きバチの資質」）という問題が分かち難く結びついていると考える。だが他方、伊丹は、企業生活最優先の日本企業に対するドーアの批判を念頭におきながら、日本的経営の「影の部分」を日本企業における個人的自由の束縛だととらえている。この問題を、「日本企業にとって、今後日本国内の経営のあり方を考えるときにも真剣に考えるべき問題だと私も同感する」といいつつも、日本的経営の本質的なものとしてではなく、部分的問題とみなすのである。[2] 要するに、情報効率的でインセンティブ効率的だとされる日本的経営システムと、労働生活至上主義で働き過ぎという問題は分離し得ると考えているのである。伊丹によれば、日本的経営の正の面（経済効率を支える要素）と負の面（伊丹によれば、組織の中の個人の自由と多様性にかかわる問題）とは切り放し得るのである。[3]

高い情報効率を生み出す日本的経営システムを生産面で支えているのは、生産労働者の多能工的知的熟練であった。島田や伊丹のような日本的経営の正の面を強調する人々は、日本のシステムを、労働者がこの熟練の獲得と利用を自発的に行うシステムだと考えている。確かにわが国労働者は、欧米の労働者と比べて生産の場で起こる問題にたいして自主的に対処する権限をより多く与えられているといわれている。この点をとらえて島田は、わが国企業を「人間尊重の経営」といい、わが国労働者の改善や学習への自発性を強調する。だが、人間尊重の経営だから労働者が自発的に創意を凝らして働くのだと考えてよいのだろうか。日本的経営が労働者の自発性を引き出すインセンティブに優れていると考えてよいのだろうか。人間尊重の経営であるはずの日本的経営が、わが国において現実にはなぜ働きすぎやその極限である「過労死」を生み出しているのか。わが国労働者が自発的に働きすぎ（働く意欲が高いということと働きすぎるということとは別問題である）や過労死を選んでいる、とは考え難い。自発性の他に考えるべき問題があるように思える。

この点については、情報および労働者に対するインセンティブ面での日本的経営の先進性という考えを島田や伊丹と共有しながらも、青木昌彦の主張はいくぶん彼らとトーンを異にする。青木によれば、日本の組織は「各機能単位が、自立的問題解決と明確なヒエラルキー的指令なしの半水平的コーディネーションの権限を委譲されている」「半自立的な部分単位の連合体」だから、局所的利益が発生する可能性がある。これを防止し、また多能工的知的熟練（青木の用語法では、半自立的問題解決能力）を養成するために、わが国においては人事部の役割が、西洋に比べて特に重要視されている。つまり、労働者は「人員評価の長期性」と「管轄区分をこえた配転」とを中央の人事部によって強制されているのである。

人々は個人的技能にかんする抽象的な尺度により評価されるのでなく、集団的・半自立的問題解決能力、学習達成度、あるいは他の人とのコミュニケートする能力などにより評価される。昇進は往々として他の部門への配転という形式をとる。明らかに管轄区分をこえた人員の移動は、機能的単位の半水平的コミュニケーションを容易にし、それぞれの単位の部分的利益の発展と追求とを抑制する機能をもっている。……日本の組織では……情

報における分散化への傾向性は、インセンティブの構造にかんする集中化への傾向により、バランスが取られている。(4)

島田や伊丹はほとんど触れようとしないが、生産労働者の知的熟練の獲得にとっては「評価」「査定」がその基礎にあり(5)、青木の指摘する中央集権的な人事管理の存在が不可欠である。熊沢誠は次のように述べている。

〈日本的経営〉においては、その「人間尊重」的なソフトウェア、「平等と参加」のシステムが、労働生活の細部にわたるきびしい規律や容赦なき異端排除と対になっているということもまた、国内および海外の日本企業の労務管理を虚心にみる者にとっては否定しえない命題ではないだろうか。(6)

周知のように、この「労働生活の細部にわたるきびしい規律や容赦なき異端排除」というのは、「人事考課」のことである。この人事考課すなわち査定が促進策となって、日本企業の高い生産効率を支える知的熟練が形成されていることを忘れてはならない。日本型人事考課・査定システムは、業績評価だけでなく、専門知識・企画力・判断力などの潜在能力評価や、責任感・

協調性・規律などの態度評価を重視した長期にわたる全人格的な評価システムであり、この査定システムによって労働者は企業に半強制的に拘束されているのである。

伊丹は、先のドーアの批判を本質的でないとみなし、日本企業の人間尊重的で民主的性格は国境を越えて適用しうると主張する。だが、一見「自発的」あるいは「自主的」にみえる労働が、熊沢のいうように、実は日本の社会構造の特殊性によって強制された労働であるという点を見逃すことはできない。人間尊重の経営だから労働者は一生懸命仕事をするのではなく、そうせざるをえない構造が存在すると考えるべきであろう。では、日本の社会構造の特殊性とは何か。日本の労働者に、査定システムに代表される能力主義的管理を、欧米人が疑問視するほどに成功させてきたものは何なのであろうか。

自発性を生む構造

能力主義競争秩序の形成の根拠について、渡辺治の次の指摘は重要である。

一九六〇年代以降、労働者が……企業の権威的秩序に吸引されていったということは、たんに企業の側の労務管理政策の成功という主体的要因からのみでは説明できない。(7)

「企業の側の労務管理政策」以外のもう一つの要因とは、労働者の側での企業ナショナリズムの「受容」を実現する条件があったことである。渡辺によれば、一九六〇年代の高度成長が、企業の成長＝労働者の昇進・昇給という等式を保証し、「企業の生産性向上→企業間競争の勝利、という企業の掲げる目標も比較的に無理なく労働者の中に受け入れられた」[8]。こうして、労働者が自らの人生を企業に依存する構造が成立したが、オイル・ショックを契機とする不況とそのもとでの減量経営の過程で、労働者の企業依存構造は確立する。つまり、

すでにひとたび自らの団結を解体され企業内での個人競争に生活改善の道を託す選択を行っていた労働者にとっては、不況は企業秩序への反抗の合図でなくかえって〝小さくなったパイ〟の分配にあずかれる地位に残れるか否かという、一層過酷な〝生存競争〟の契機となったのである。[9]

日本の労使関係は、「『戦後一〇年間』の労使の対抗的展開過程」[10]において、階級的・戦闘的労働組合主導型の労使関係から労務管理主導型へと変化し、一九六〇年代の高度成長と七〇年代後半の減量経営を契機として、労働者は企業社会に囲い込まれてしまった。これが企業社会への無批判的服従と無際限の労働の受容を生み出す、ものすごい日本企業のバイタリティの源

泉である。現代の日本社会においては、残念ながら企業の支配構造に対しての歯止めがないのである。(11)

したがって、市場需要の変動にたいして伸縮的ですばやく適応できることを最大のメリットとしている日本のシステムにおいては、労働者の個人的自由を奪い、人を長時間企業の意志のもとに拘束することは、システムの効率性にとって不可欠な条件なのである。この意味で、私生活や家族生活を犠牲にしてまで労働生活を最優先せねばならない日本企業の従業員にはなりたくない、と述べたドーアの直感は、正しかったと思われる。ドーアの提起した問題は、伊丹のいうような日本企業の部分的問題では決してなく、日本的経営システムの根幹にかかわっている問題であろう。

国内でも深刻な問題をはらむ日本的経営の問題性を十分に究明することなく、海外日系企業で働く労働者が一定受容しているという事実に注目するという傾向がみられるが、これもまた慎重な検討を要する。確かに、欧米労働者が日本的経営を一定受容しているといわれるが、その土壌は、欧米型経営システムそれ自身が内包する矛盾への不満である。この矛盾について、丸山恵也は論理的に次のように説明する。

テイラー主義は、労働の目的定立やそれに密接に結合した生産にかかわる知的活動をマネジメントの側に集中するとともに、目的を喪失させられた労働を分業原理によって徹底的に細分化することによって、生産の効率性を引き上げることを意図した。しかし、このようなテイラー主義は、一方において単純、単調な部分労働化によって労働者の勤労意欲を低下させてしまうと同時に、他方では労働者の能力を一面的にしか発展させることができないがゆえに、効率性という観点からも、矛盾を内包せざるをえなかったといえよう。分業は生産性を上昇させてはきたが、一面化された能力しかもちえない労働者にとってはME化の進展や多品種生産への対応はいうに及ばず、簡単な機械のトラブルに対しても柔軟に対応することは不可能であり、また、極端なまでの職務の細分化と固定化とはシステム的な展開をするME技術への有効な対応を困難にしていた。(12)

丸山の指摘するような労働者の勤労意欲の低下と能力の一面化という欠陥をもつ欧米型経営への不満が、労働者たちに日本的経営を自発的に受け入れさせる要素であろうし、さらには、日本的経営が欧米の多年にわたる沈滞した生産性を効率化しているという現実もまた、受容に積極的に貢献しているだろう。このような欧米労働者の自発的で好意的な受け入れの状況は、島田などの著作に詳しい。

だが他方、ヨーロッパに進出している日系企業において、本来は労働者の自発性と参加に依存するはずの日本的経営の導入が、経営権の制度的確保、監督者の権限拡大、規律強化などを伴うという逆説が生じている、と熊沢は述べる[13]。また、島田自身も、一九八七年にGMのヴァンヌヌイ工場において「GMのヌミナイゼイションが大きな壁にぶつかったとの印象を一般的にも与えることになる事件が起こった」ことを報告している[14]。

一方での積極的な受容という事実とともに、他方で受容の限界の兆しがみえているという事実の存在は、欧米労働者による日本的経営のこの肯定的な受容が今後も続くという保証はない、ということを示唆している。つまり、日本的経営の受容の状況が一時的なものなのか、それとも永続的なもの、すなわちその受容は「ほんもの」であるのか、という問題が存在するのである。欧米労働者は、企業からの相対的自由という伝統的にかちとってきた既得権益の侵害にまで日本的経営が及ぶに至っても、自発的に日本的経営を受容するであろうか[15]。

（1）Dore, R. P., *British Factory-Japanese Factory: The Origins of National Diversity in Industrial Relations* (University of California Press, 1973). 山之内靖・永易浩一／訳『イギリスの工場・日本の工場――労使関係の比較社会学――』筑摩書房、一九八七年、日本語版への序、ix～x頁。

（2）伊丹敬之「日本企業の普遍性：ヒトと労働市場」『ビジネス・レビュー』第三七巻第四号、一九九〇年六月、八～九頁。

(3) 伊丹敬之「経営組織における個と全体：個人の自由とホロニックインターアクション」『一橋論叢』第一〇二巻第五号、一九八九年一一月、三〇～四七頁。
(4) 青木昌彦、前掲書、六四頁。
(5) 小池和男、前掲論文、三五～三六頁。
(6) 熊沢誠『日本的経営の明暗』筑摩書房、一九八九年、一七頁。
(7) 渡辺治「現代日本社会の権威的構造と国家」、藤田勇／編『権威的秩序と国家』東京大学出版会、一九八七年、二〇一頁。
(8) 同前。
(9) 同前、二〇二頁。
(10) 黒田兼一「戦後日本の労務管理と競争的職場秩序——『民主的』労働者支配と『合理化』——」、戦後日本経営研究会／編著『戦後日本の企業経営——「民主化」・「合理化」から「情報化」・「国際化」へ』文眞堂、一九九一年、二九五頁。
(11) 「自発」と「強制」の二面的要素の統一的把握の重要性については、次の文献が深く考察している。鈴木良始『日本的生産システムと企業社会』北海道大学図書刊行会、一九九四年、第五章「日本型企業社会の『強制』・『自発』の管理構造と労使関係」、二四七～二八三頁。
(12) 丸山惠也『日本的経営——その構造とビヘイビア』日本評論社、一九八九年、一九〇～一九一頁。
ここで、いわゆる「テイラー主義」という用語について付言しておきたい。この言葉は、権威主義的専制的統制の代名詞として使われることが多い。その意味で、この引用における丸山の説明は妥当である。しかし、筆者は、この言葉の独り歩きを危惧している。「テイラー主義」のテイラーとは、近代マネジメントのパイオニアであるフレデリック・W・テイラーのことだが、テイラー自身は決して権威主義的専制的統制を是とするマネジメント思想を提唱しているのではないことに留意すべきである。テイラーのマネジメント思想の評価については読者の判断に委ねるしかないが、少なくとも彼の著作をしっかりと読み、理解する必要があろう。さしあたり、次の文献を参照のこと。F・W・テーラー／著、上野陽一／訳・編『科学的管理法』産能大出版部、一九六九年。廣瀬幹好『フレデリック・テイラーとマネジメント思想』関西大学出版部、二〇一九年。

蛇足ながら、同様のことが、トヨタ生産方式とその理念の評価についてもいえる。トヨタ生産方式は、豊田喜一郎が発案し、大野耐一が完成させた生産システムおよびその思想を意味する。大野は著書で次のように述べている。「私どもとしては、これだけトヨタ生産方式に関心を寄せてくださることは結構なことであり、ありがたいことだと考えています。／しかし、しだいに注目され、国内の各業界でも研究されていくうちに、一部では誤解されたり、あるいは都合のよい部分だけを濫用されているところもあるように聞いています。／その端的な例は、トヨタ生産方式すなわち〝かんばん方式〟であるという短絡したものです。／そもそも、『かんばん』とはトヨタ生産方式の運用手段の一つであり、『かんばん』を採用したから、それだけで生産性が向上するというものではありません。まして、いわゆる〝下請イジメ〟により親企業が業績を上げるというような意図はトヨタ生産方式の考え方と全く相容れないものです。……／なお、一部の人たちのこの方式を曲解しての批判に対しては、弁明・釈明は一切いたしておりません。世の中のことはすべて歴史が立証すると確信するからです」（大野耐一『トヨタ生産方式――脱規模の経営をめざして――』ダイヤモンド社、一九七八年、ii〜iii頁）

大野の経営思想については、次の文献も参照のこと。下川浩一・藤本隆宏／編著『トヨタシステムの原点――キーパーソンが語る起源と進化――』文眞堂、二〇〇一年、「2 トヨタ生産方式の生成 元トヨタ自動車副社長 大野耐一氏口述記録」（五〜一九頁）、「3 大野耐一氏から学んだこと 元ダイハツ工業専務取締役 田中通和氏口述記録」（二一〜五七頁）。廣瀬幹好「大野耐一の経営思想」渡辺峻・角野信夫・伊藤健市／編著『やさしく学ぶマネジメントの学説と思想』ミネルヴァ書房、第八章第一節、二〇〇三年、二八八〜二九九頁。

(13) 熊沢誠、前掲書、九九頁。

(14) 島田晴雄、前掲書、二一三頁。

(15) 当時の海外進出日系企業における労使関係の緊張状況については、例えば、守屋貴司「在英日系製造企業の労務管理――トヨタ（UK）の労務管理・労使間協定を中心として――」『産業と経済』（奈良産業大学）第七巻第二号、一九九二年九月、二三〜三七頁を参照のこと。また、英国において進出日系企業が導入している（しようとしている）シングル・ユニオン協約（single union deal）やノー・ストライキ協約（no-strike deal）を批判する強力な動きのあることも報告されている。次を参照のこと。“Toyota seeks no-strike deal for UK plant,” *Financial Times*, September 6, 1991; “Single union deal likely at Toyota plants,” *Ibid.*, October 30, 1991.

このような労使関係の緊張状態は、必然的なものであろう。日系企業の進出が労働条件の低下につながるからである。「これまで、ドイツは世界最高水準の労働条件や労働者権を保障しながら、日本やアメリカなどと肩を並べて発展してきた。このように不利な競争条件のなかで、なにゆえドイツ経済がここまで発展することができたのか……ただ少なくともいえることは、今日のような国際化の時代において、競争状態にある国の間の、労働条件や労働者権の大きい格差が長時間持続することはありえないということである。高い水準の労働条件や労働者権を保障している国は、低い労働コストによって生産された低廉な商品を売りまくる国に対抗し続けることはできないだろうからである。したがって、労働条件は長期間の間には、競争国で平準化していかざるをえないであろう。問題は、それがどのような水準に収斂していくか、である。単純化していえば、ドイツが日本化するのか、日本がドイツ化するのか、という問題であるる」（西谷敏『ゆとり社会の条件――日本とドイツの労働者権』労働旬報社、一九九二年、二五九～二六〇頁）

西谷は、同書において、一九九一年に発表されたドイツの規制緩和委員会の報告内容を紹介しており、ドイツ政府や使用者が競争相手としての日本に対抗する鍵を労働関係の「日本化」「弾力化」にみいだしていることを指摘している（同前、二六〇～二六一頁）。

5　根なし草の経営論

ここまでは、わが国において一九八〇年代後半を特徴づける日本的経営論を検討してきた。この章を結ぶに当たり、このような議論が戦後の日本的経営論の歴史の中でどのような位置にあるのか、また、その論調が、いかなる意味をもっているのか、いま少し検討しておきたい。

戦後の日本的経営論が「日本文化論」と分かち難く展開されてきたことを想起するとき、青木保の日本文化論に関する研究は、大いに参考にされてよい。青木の日本文化論は、日本的経営論を重要な要素としてその内に含んでいるからである。詳しく述べる余裕はないが、青木の見解によれば、「日本文化論」は、次の四つの時期に区分される。第一期「否定的特殊性の認識」(一九四五~五四)、第二期「歴史的相対性の認識」(一九五五~六三)、第三期「肯定的特殊性の認識」前期(一九六四~七六)、後期(一九七七~八三)、第四期「特殊性から普遍性へ」(一九八四~)である。

この時期区分を青木にしたがって、おおまかに解釈すれば次のようになる。第一期は、敗戦から高度経済成長以前の一〇年間で、非近代的で後進的な日本社会に対する批判の時期。第二期は、敗戦国日本が経済的離陸を始めた一九五〇年代半ばから六〇年代半ばで、「否定」の見直し・「自信回復」の時期。第三期は、高度経済成長と世界的な不況を克服したことを背景に、『経済大国』の『自己確認』の追求が行なわれる」「『日本システム』の優秀さの確認」の時期としての、一九六〇年代半ばから一九八〇年代初期にかけての時期である。この第三期について、青木は次のように述べている。

一九七〇年代に入るといくつかの「画期的」な「日本文化論」が現われ、大きな影響を社会的におよぼすことになる。「画期的」なというのは、高度経済成長期も頂点をむかえて、次第に安定した発展を享受するようになった日本社会には、ますます「豊かな」大国意識が生まれてきり、世界の先進国の仲間入りをしたとの「自覚」がはっきりと認識されるようになるからであり、そうした「自己認識」を背景にして、「日本文化論」はその「肯定的」性格を一層鮮明にしてゆくのである。(1)

日本社会の経済的発展、そこからくる「欧米」に並ぶ「大国」の位置づけを、いかにするか、という気持ちが等しくこの時期の「日本文化論」を支配している。(2)

この時期は、まさに「日本文化論」のマス・メディア支配とその絶大な影響、「肯定的特殊性」を謳歌する「黄金時代」であった。(3)

第四の時期は、日本企業の海外進出が本格化し、また経済大国としての地歩を固めると同時に、『高度成長』経済大国日本への風当りが国際社会において強くなってきた(4)」一九八〇年代半ば以降の時期である。青木はこれを「特殊から普遍へ」の時期として特徴づけるが、より正確には、日本文化の先進性を説く「肯定的特殊性」論が日本批判の激しさの中で行き詰まり、それへの反省の兆しが現われてきたということであろう。本章と直接的な関わりのある日本的経営論についていてみれば、青木は、日本的経営が「メリットも含めてはたして『国際的』に通用するものであるのか、あるいは日本に『特殊』なものであるのか、こうした点に議論が移ってきた」と述べるのである[5]。

いわば経済大国化したことのうぬぼれに基づいた、日本の特殊性・独自性を肯定的にとらえて独自の先進性を主張するという閉じられた方向から、普遍性を探求することによって成功の謎解きの正当性を証明しようとする論調への転換は、その契機が日本批判という外圧であろうと何であろうと、日本の国際化の著しい進展によって必然化されていた。それゆえ、日本的経営の普遍性をめぐる議論の噴出は、日本的経営の正当性を証明するための至極当然の行動なのであった。だが、国際化の渦中にある「『日本文化論』に欠けている最大の問題意識であり、態度である」のは、「『文化相対主義』の明確な主張」であるとの青木の指摘は[6]、「日本的経営論」にもそっくりそのまま当てはまるように思われる。青木がいいたいのは、日本文化論が国際化の波に飲まれないためには自らを客観視することが必要になっているが、歴史的にみて、この点において日本文化論は弱点を示してきたということであろう。日本的経営論も、まさにそうであったと思われる。

日本的経営の経済面における圧倒的な高業績を説明するための日本的経営論の八〇年代後半の論調は、国際化の中で高まってきた日本異質論という批判に対して、それまで日本に特殊的だといってきたものの中に普遍的な要素を探し出すことによって切り返そうとしたように思われる。だが、青木が日本文化論に対していうように、「あまりに日本人を『慰める』ものになってしまった」(7)のではないのだろうか。そのことを裏づけるかのように、一九九〇年代に入って、日本国内からも、八〇年代を彩った日本的経営礼賛論に対する反省の兆しがみえ始めたのである(8)。現実を直視すれば必然的であり、豊かな社会への歩みにおいては当然のことであろう。

日本企業の好業績が日本を経済大国に押し上げた事実はまちがいない。しかし、経済大国であることの判定基準は、企業の業績ではない。経済大国は生活大国でもなければならない。なぜならば、前者は後者を実現するための手段だからである。人びとがゆとりある生活を実感できるような豊かな社会を実現すること、これが経済大国の真の判定基準であろう。わが国は経済大国化したといわれたが、決して生活大国ではなかった。絶頂の八〇年代後半の経済大国論、日本的経営礼賛論は、九〇年代にバブル経済が崩壊するとともに鳴りをひそめてしまった。企業経営の効率性を説明する議論にすぎなかったからである。それゆえ、いわゆる経済大国の土台が揺らぐや、日本的経営の議論が消え去るのも当然である。企業の強い競争力を可能にした働き方や人びとの生活のあり方を踏まえて日本的経営を検討するという視点は、ほとんどなかったといってよい。ヨーロッパの国々からの厳しい批判は、この点に根差している。次章では、真の経済大国を実現するために、日本的経営のはらむ問題点について検討する。

（1）青木保『「日本文化論」の変容――戦後日本の文化とアイデンティティー』中央公論社、一九九〇年、九七頁。
（2）同前、一一一〜一一二頁。
（3）同前、一二五頁。
（4）同前、一二九頁。
（5）同前、一三〇〜一三一頁。このような論調変化の背景について、青木は次のように述べている。「八〇年代に入ると、『高度成長』経済大国日本への風当たりが国際社会において強くなってきた。……『日本的経営に関しても、礼賛から批判へと風向きが変わってきた事実がある。『日本的経営』は、日本社会では大変うまく機能し生産性を高めるが、日本以外の社会では必ずしもうまくゆくとは限らない。アメリカ社会でも、そのメリットはあるにしても、デメリットも大きい。『日本的経営』の大部分は、かなり『特殊』日本的な性質のものである。とくに、他民族・多言語・多文化社会にあっては、そのデメリット的作用が露わなものとなる。こうした批判的な議論が次第に行なわれるようになった」（同前、一二九頁）
（6）同前、一五三頁。
（7）同前、一五五頁。
（8）わが国における新聞の論調が、九〇年代に入って明らかに変化した。それは、例えば、『日本経済新聞』の一九九〇年一一月二日に始まり一年に及ぶ長期シリーズ「日本人と会社」や、九一年六月一八日からの連載「日本の経営　競争から共生へ」（上、下）などの記事に明らかなように、八〇年代の企業社会日本謳歌の反省である。

「日本人と会社」は、「第一部　カイシャ人は幸せか」（①〜⑥）、「第二部　社会と折り合っているか」（①〜⑤）、「第三部　揺らぐ『人本主義』」（①〜⑤）、「第四部　崩壊する共同幻想」（①〜⑤）、「第五部　新しい企業像をもとめて」（①〜⑤）からなっている。

「日本人と会社」シリーズの第一部の冒頭には、連載記事の目的が次のように記されている。「会社の繁栄がそのまま、日本人の繁栄と信じられる時代は続くだろうか。八〇年代の日本企業は、強さをおう歌した。石油危機も円高摩擦も会社一体で克服し、市場経済の膨張に乗って、内弁慶から国際企業に成長できた。しかし、住友銀行の融資不正仲介などを機に、強さの裏側に隠れていた様々なひずみが露呈してきた。あらためて今、九〇年代のカイシャのパラダイム（枠組み）と、そこで働く人々の変容を問う」（一九九〇年一一月二日付）

第二章　経営と人間の尊厳

1　豊かさとは

わが国は第二次世界大戦での敗戦の後、国民一丸となって経済成長を追い求めてきた結果、一九八〇年代後半以降には経済大国である欧米先進諸国の仲間入りを果たし、半世紀足らずで世界最高水準ともいわれる物質的豊かさを手にして、いまにいたっている。しかし、経済大国といわれているものの、そのような実感を人びとがもっているようには思えない。今から四〇年余り前の一九七九年、EC（ヨーロッパ共同体）が指摘したといわれるように、相変わらずいわゆる「ウサギ小屋」(1)に住む仕事中毒という実態は変わっていない。そしてまた、どれだけ働けば、そしてどのような働き方をすればゆとりある生活を手にすることができるのかについても、展望をもつことができる状態にはない。つまり、豊かであるはずの国でありながら、企業中心社会と会社人間という現実は、日本社会と日本人にとって、「戦後」と何も変わっていないように思える。

一九八〇年代も末になった頃、「豊かさ」という言葉が多くの日本人の心をとらえた。日本が先進国入りして久しいけれども相変わらず会社人間から脱却できず、なかなか「豊かさ」あるいはゆとりを感じ取ることができないという庶民的感情がその背後にあったのだと思われる。ともかく、「豊かさ」をめぐる議論が一九九〇年を前後して一種のブームとなった。[2] 他方で、バブル期にある新聞社から出版された書物は、日本経済と企業の競争力、日本の豊かさを絶賛して次のように述べている。

日本経済は円高を乗り切った後、一九八六年暮れから本格的な景気上昇に転じた。それから今日まで好況は持続、戦後最も息の長い安定した経済成長期に入っている。今年（九〇年）日本国民が新たに作り出す生産物（国民総生産＝GNP）は四〇〇兆円（約三兆ドル）を超える。一人当たりGNPはアメリカを上回り二万五〇〇〇ドル近くに達するだろう。先進国の中でもスイスなどと並んでトップクラスに立つ。

一方、八九年末の日本の対外純資産残高（資産残高から負債残高を差し引いたもの）は、前年比〇・五％増の二九三三億ドルに達し、五年連続で世界一の債権大国の座を維持している。同年末のアメリカの対外純債務は六六三七億ドルまで膨らんでおり、斜陽のアメリカと上り調子の日本とで好対照を見せている。

こうした日本経済の発展を支えているのが日本の企業である。日本企業のダイナミックな発展こそ日本経済の強さの源泉になっている。[3]

このように述べた後、世界の大企業ランキングでの日本大企業の躍進ぶりを紹介し、その強さの秘密のなぞ解きを行なったのである。当時は、日本の世界がすぐそこにあるかのような錯覚すらあった。私たち市民もまたこのような論調にどこかくすぐられるところがあったがゆえに、「豊かさ」論に共鳴したのである。欧米の先進国に追いつき追い越すというのは、長年の日本人の夢だったからである。しかし、そのような考えは幻想であり、錯覚であった。バブルがはじけて後に出た同書の新版は、「はしがき」で前著を振り返り、一転して次のように反省の弁を記している。

当時の日本は、バブルブームの真最中にあり、日本企業は自信にあふれブーム期特有の熱狂が経営者を包み込み、永遠の繁栄が続くかのような空気が支配していました。本書もそうした雰囲気の中で、日本企業の強さの源泉を日本的経営の中に求め、日本的経営は世界に通用する普遍性を持つという問題意識を強く打ち出しました。しかし、平成不況が長期化する中で、戦後日本の経済発展を支えてきた経済システムは普遍性に乏しく、日本的経営の多くもまた一時期の日本の発展を支える経営手法のひとつに過ぎなかったことが明白になってきています(4)。

あれほどもてはやされた日本的経営は、欧米に「追いつき追い越せ」時代の産物でしかなく、日本の「豊かさ」もはかないもので、本当に日本が豊かになるためには、さらに日本企業の競争力を強めねばならない、というのが、この二つの引用からのメッセージであろう。結局、ここでいう「豊かさ」のめざす指標とは、世界大企業の中でのランキング上位を確保することを意味するのである。さらにいえば、企業の「豊かさ」（＝競争力の強さ）と私たち市民の「豊かさ」とが区別されずに、同一のものとみなされている。というよりも、企業を富ますことを最優先に、そうすれば個々人も豊かになれる、といっているのである。

このような個人の価値の上に企業を置く組織第一主義的考えは、少なくとも戦後一貫して日本社会の基底にあったものであり、今日に至る日本経済の急速な成長を支えてきた理念だが、これからもこのような理念にしがみついて果たして私たちは本当に豊かになれるのだろうか。何か根本的な改革が必要ではないのか。これが本章の問題意識である。グローバル化が進行することによる企業の世界的な戦略提携やリストラクチャリングのうねりの中で、今も日本企業の前途は決して明るいものではない。今後グローバルな競争は厳しさを一層増すだろう。そして、いままで通り日本企業が競争優位を確保しようとすれば、これまで以上に個人は組織に身を委ねなければならない。これが競争戦での日本の強みであったからである。だが、このようなやり方は限界に達しているように思われるのである。

そこで、本章では戦後日本の発展を顧みながら、日本「人」と日本「社会」の豊かさの創造を制約している要因を探ってみたい。人びとが活き活きとして働き、ゆとりのある生活をおくるような社会をつくるためには何が必要であるのか、その条件について検討している。結論的にいえば、有機体的企業観とでも呼ぶべきこれまでのような伝統的な企業観、すなわち企業を運命共同体とみる幻想から脱し、個々の人間を尊重するという基本思想が日本の社会と経営組織の中に根づくことの重要性について論じている。

（1）「英（rabbit hutch）日本の家屋の狭小なさまを形容した語。一九七九年、ＥＣ（ヨーロッパ共同体）の内部資料『対日経済戦略報告書』で使われた表現」（『広辞苑　第六版』）「ウサギ小屋」という言葉は流行語となったといわれているが、次の指摘も参照のこと。稲垣吉彦「ウサギ小屋（ことばと世相）」『日本経済新聞』、一九八七年一月一一日付。

（2）暉峻淑子『豊かさとは何か』岩波書店、一九八九年。本書は、モノとカネがあふれているが豊かさの実感もなく豊かさへの道を踏みまちがえた日本の現状を分析し、真に豊かな社会とは何かと問いかけた、ベストセラー書である。また、次の文献も参照のこと。佐和隆光『豊かさのゆくえ――21世紀の日本』岩波書店、一九九〇年。渡辺治『「豊かな社会」日本の構造』労働旬報社、一九九〇年。
（3）日本経済新聞社／編『ゼミナール 現代企業入門』日本経済新聞社、一九九〇年、二頁。本書は、バブル期の日本企業に対するマスコミの見方を知る上で、五年後に出版された第二版よりもいっそう資料的価値がある。
（4）日本経済新聞社／編『ゼミナール 現代企業入門（第二版）』日本経済新聞社、一九九五年、I頁。

2　経済成長と経営論

もはや「戦後」ではない

「もはや『戦後』ではない」という言葉を流行させたのは、一九五六年（昭和三一年）度の『経済白書』であった。

戦後日本経済の回復の速かさには誠に万人の意表外にでるものがあった。それは日本国民の勤勉な努力によって培われ、世界情勢の好都合な発展によって育まれた。

しかし敗戦によって落ち込んだ谷が深かったという事実そのものがその谷からはい上るスピードを速からしめたという事情も忘れることはできない。経済の浮揚力には事欠かなかった。経済政策としては、ただ浮き揚る過程で国際収支の悪化やインフレの壁に突き当るのを避けることに努めれば良かった。消費者は常にもっと多く物を買おうと心掛け、企業は常にもっと多く投資しようと待ち構えていた。いまや経済の回復による浮揚力はほぼ使い尽くされた。なるほど、貧乏な日本のこと故、世界の他の国々にくらべれば、消費や投資の潜在需要はまだ高いかもしれないが、戦後の一時期にくらべれば、その欲望の熾烈さは明らかに減少した。もはや「戦後」ではない。われわれはいまや異なった事態に当面しようとしている。回復を通じての成長は終った。今後の成長は近代化によって支えられる。[1]

「もはや『戦後』ではない」という言葉には二つの意味が込められていた。一つは、経済的にやっと戦前水準を回復したという事実認識ならびに安堵感の表明であり、もう一つは今後の成長がこれまでとは違って近代化という新たな方法によって達成されねばならないという決意の表明がそれである。日本の未来に対する確たる自信は、当時はまだもてる状況にはなかったのである。例えば、一人当たり国民総生産（GNP）が戦前水準を超えたのは一九五五年（昭和三〇年）だったが、この年のアメリカの一人当たり国民所得は日本の九・三倍、カナダのそれは六・三倍、同じ敗戦国西ドイツのそれでも二・八倍で、気の遠くなるような話だった。主要工業製品の生産数量についてみても、繊維、化学肥料、商船、ラジオなどの労働集約的な伝統産業を除いて、欧米諸国に比べて非常に少ない状況であった。[2]

しかし、この年を起点として、ほぼ二〇年近い日本の高度成長が開始される。とりわけ昭和三〇年代は日本経済の姿と国民生活を一変させ、三〇年代半ばには「高度成長がついに現代日本の国家目標となり、宗教とさえなった」[3]と評されるまでになったのである。高度成長は、国民一丸となって欧米に追いつき、欧米を追い越すことを至上命題とした。

高度成長

昭和三〇年代と四〇年代は黄金の高度成長時代だった。特に三〇年代日本経済の成長スピードはめざましく、日本はまさに変化の狭間にあった。成長のタイムラグを絶えず経験する地方の農村地域でも、生活は一変した。昭和三〇年代半ば以前の農村では、衣服のツギ当ては珍しくなく、火吹き竹でかまどや風呂の火をおこし、ごえもん風呂に一家は身体の疲れを癒やしていた。電気製品はラジオを除いてほとんどなく、こたつやアイロンには消し炭を使い、たらいと洗濯板で衣服を洗い、井戸水で野菜や果物を冷やしていた。バナナや卵はまだまだ高価であ

図表２－１　耐久消費財の普及率（都市）　（単位：%）

	1957（昭和32）	1960（昭和35）	1965（昭和40）	1970（昭和45）	1975（昭和50）
トランジスタラジオ	–	24.9	55.8	76.0	82.0
テレビ（白黒）	7.8	54.5	95.0	90.1	49.7
テレビ（カラー）	–	–	–	30.4	90.9
ステレオ	–	–	20.1	36.6	55.6
電気洗たく機	20.2	45.4	78.1	92.1	97.7
電気冷蔵庫	2.8	15.7	68.7	92.5	97.3
電気掃除機	–	11.0	48.5	75.4	93.7
ルームクーラー	–	–	2.6	8.4	21.5
スクーター	–	12.2	–	–	–
乗用車	–	–	10.5	22.6	37.4

（原注）経済企画庁「消費者動向予測調査」。
（出所）有沢広巳／監修『昭和経済史［中］』日本経済新聞社、1994年、217頁。

り、人工甘味料のさっかりんを使用して食事をつくったりすることもあったのである。

このような状況が昭和三〇年代半ばには、大きく変貌する。例えば、「三種の神器」といわれたテレビ、電気冷蔵庫、電気洗濯機の爆発的な普及に象徴される家庭の電化が三〇年代を通じて急速に展開したことに示されるように、ほぼこの時期を画期として近代的生活様式、すなわち大量消費時代が始まったのである。

昭和三〇年代は大量消費時代の幕開けであると同時に、大量高速輸送時代の幕開けでもあった[4]。三〇年代半ばを境に、貨物輸送では自動車が鉄道から主役の座を奪い、自動車社会の到来を予感させる名神高速道路は一九五八年（昭和三三年）に着工、一九六五年（昭和四〇年）七月に全線開通した。「夢の超特急」といわれた東海道新幹線が開通したのは、一九六四年（昭和三九年）一〇月である。また、造船日本を象徴する超大型タンカー日章丸の誕生は、一九六二年（昭和三七年）のことであった。
これらは高度成長日本を象徴するものであり、貧しき日本は過去のこととなりつつあった。一九六八年（昭和四三年）には、ついに国民総生産（一人当たりではない）が西ドイツを抜いて資本主義世界第二位となり、工業生産水準でみてもアメリカ、ソ連に次いで第三位となったのである。「ついに現代日本の国家目標となり、宗教とさえなった」高度成長は日本企業に自信を与え、日本を物質的に豊かにしたのである。と同時に、日本は「公害先進国」となった。宮本憲一は次のように述べている。

これ〔公害事件─引用者〕はまさに、高度成長期の全国的な社会問題である。にもかかわらず、戦後の辞書に「公害」ということばはなかったのである。それは、公共団体、とくに政府や企業が高度成長に走って、戦前の痛い教訓を忘れ、住民の公害反対の世論や運動がおこるまで、まったく公害にたいして無策だったことを象徴していたのである。だが、それから一〇年もたたぬうちに、新聞は殺人事件を報道しない日でも公害について報道しない日がないようになった。公害は日常用語となり、食品公害・薬品公害ということばがつくられ、社会的災害はすべてなんでも公害となった。(5)

公害は、欧米に追いつき追い越せというスローガンに絶対的価値を置いて戦後をひた走ってきた日本社会が、人間尊重の対極にある社会だということをはっきり示した、反社会的、非人間的な恥ずべき事件であった。

金ぴかの八〇年代と「日本的経営」論

一九七一年夏のいわゆるニクソン・ショック、一九七三年一〇月の第四次中東戦争の勃発を契機とする第一次石油危機は、快進撃を続ける日本経済に大きな打撃を与え、「高度成長」時代は終わりを告げた。「日本経済は一九七四年、戦後初めての実質マイナス成長を記録し、国際収支は大幅赤字、卸売物価、消費者物価ともに年率二〇%以上の上昇率を示すにいたった」のである。だが、このような脅威は他方で日本にとっての機会でもあった。すなわち、「第一次石油危機直後の日本経済のパフォーマンスを他の先進諸国のそれと比較してみると、相対的にはかなり高い評価を与えることができる」と評されるように、「こうした日本の『不況への対応の巧みさ』が『高度成長の秘密』同様、諸外国の関心を集めた」のである。[6] 次の図表で日本のパフォーマンスの高さの一端がはっきりと示しているように、消費者物価指数、生産活動指数、製造業雇用指数の推移のどれをとっても、日本は先進諸国の中で抜きんでている。

一九七八年末から七九年春にかけてのイラン革命以後の第二次石油危機をも乗り切って、日

図表２－２　先進諸国の物価・生産・雇用の推移（1980＝100）

	年	日本	アメリカ	イギリス	西ドイツ	フランス	イタリア
消費者物価指数	1970	42.3	47.1	27.9	60.7	39.8	26.9
	1980	100.0	100.0	100.0	100.0	100.0	100.0
	1983	109.8	120.4	127.1	114.9	139.0	158.8
生産活動指数	1970	66.8	73.3	90.1	83.2	74.0	72.2
	1980	100.0	100.0	100.0	100.0	100.0	100.0
	1983	105.0	100.4	100.8	96.3	98	90.5
製造業雇用指数	1970	112.1	95.4	122.0	115.5	106.8	97.4
	1980	100.0	100.0	100.0	100.0	100.0	100.0
	1983	101.7	92.1	81.8	90.2	91.4	93.9

（原出所）OECD, *Main Economic Indicators-Historical Statistics*, 1984, paris.
（出所）橋本寿朗「一九五五年」、安場保吉・猪木武徳／編『日本経済史８　高度成長』岩波書店、1989年、47頁。

本経済は金ぴかの八〇年代に突入する。この時代、とりわけ一九八〇年代後半に至って日本の経済的地位は世界に際立ったものになり、すでに述べたように、日本企業ならびに日本人は成長第一主義の行動理念の絶対的正当性を確信するようになったのである。

このような状況と密接に関連して、「日本的経営」の議論が、日本企業の競争力の謎解きという性格を帯びつつ、日本企業の行動の正当化論として積極的に展開されてくる。特に競争力の源泉として、日本企業の「人間尊重」的組織文化特性の優秀さを説くという論調が大きな影響力をもったのである。第一章でくわしく述べたが、ここで簡単にふり返っておこう。

日本企業の成功の秘密を生産技術体系の優秀さにみいだしたある論者は、これを「日本型ヒューマンウェア技術」と命名した。生産技術は、周知のハードウェアとソフトウェアからのみ構成されているのでなく、現場の労働者とハードウェアやソフトウェアとの相互作用、生産における人の関わりを内容とするヒューマンウェアという第三の要素があり、生産能率の成否はヒューマンウェア技術次第だと論じた。わが国の場合、この人の関わりが重視され、作業者の創造性の発揮を可能にし、勤労意欲や改善意欲を活用した人間尊重の経営であることが、アメリカのシステムとの対比で優秀だと主張されたのである。(7)

以上の生産技術の領域にとどまらず、企業システム全体を視野に入れて日本の企業社会の先進性を論じたのが「人本主義企業」論であり、バブル期にマスコミでも大々的にとり上げられていた。日本の企業社会は、「『カネの提供者が主権者になる』と言う『資本』主義でなく、『ヒトという資源の提供者が主権者になる』と言う意味で『人本』主義」であり、人本主義企業とは、「古典的な資本主義企業の進化した一つの新種」だとされた。そこでは、「働く人々が『会社は自分たちのもの』と考え、平等感と参加意欲を重んじるように仕事や情報や成果の分配と分担がきめられ、取り引きはたんにそのときの条件次第で相手をきめずに長期的なつき合いを重んじる。こうした企業システムでは、ヒトをもっとも重要な資源と考え、ヒトとヒトとの関係のあり方を、企業内でも企業間取り引きにおいても継続的かつ円滑な関係にすることに大きな努力を払う」のである。(8)

「ヒューマンウェア」論にしても「人本主義」論にしても、日本の企業や社会が、相対的であれ「人間尊重」的であるとして、戦後一貫した経済効率第一主義の組織文化を正当化したのであった。だが、こうした「人間尊重」という言葉がもてはやされ、日本社会の先進性や日本の豊かさが強調されていたまさにその頃、皮肉なことに、企業の反社会的行動や「過労死」(9)という非人間的行為が深刻な社会現象となり始めていた。日本の社会や企業が人間尊重的でなく、ましてや先進的ではないことは明らかであった。

当時真剣に論議されるべきは、経済効率性という目標の下、企業は労使の運命共同体であるといいながら、組織的価値を個人の人格の上に置く組織文化の正当性についてであった。しかしながら、支配的趨勢は、日本の企業や企業社会の強さを正当化するナルシシスト的議論に与する方向に向かったのである。日本の組織や社会は人間尊重的であったとはいえなかったにもかかわらず、この点を批判し改革することに目が向けられなかった。それは、日本経済のパフォーマンスがきわめて良好であったためである。

それゆえ、経済パフォーマンスの落日をみるや、このような議論がいつまでも正当性を確保できるはずはなかった。第一章で論じたように、日本的経営論のトーンは、日本の経済力の歩みとともに変容するのである。

「戦後」はなお続いている

第一章で紹介したある文化人類学者は、「『戦後』はなお続いている」として、一九九〇年代初めに次のように述べている。

戦後に生れた価値や制度の総点検をする時期になった、といま九〇年代年代の初めにいえるのではないかと思うのである。日本の内外で、いわば「戦後体制」(「体制」ということばがよくなければ「戦後システム」)の再検討をうながすような動きも存在するし、それよりもはるかに重大な問題として、二一世紀にそなえるべき「日本システム」の改編をする必要があるように感ぜられてならないのである。たとえば、八〇年代後半から盛んに叫ばれている「国際化」という問題を考えても、それが行わせるのは「日本システム」の改編であり、それは「戦後システム」の再検討から生れるものにちがいあるまい。(10)

「戦後」がなお続いていると評されるのは、「日本システム」「戦後システム」、要するに戦後日本の近代化のやり方とそれについての日本人の自己認識が、あいかわらず「常に欧米との対比あるいは再び『脱亜入欧』視点によって日本をとらえるという枠組」のもとに行なわれ、「あまりに日本人を『慰める』ものになってしまった」からである。(11) 欧米先進モデルを鏡として、それに対する劣等感から出発し自己陶酔にまで至る日本文化論の、戦後を通して強調されてきた事物認識の基本枠組みの浮草的性格を批判しているのである。

この議論はまた、すでに述べたように、日本的経営論にもそっくり当てはまるように思われる。日本的経営論が日本の独自性を謳い、先進性に自己陶酔する予兆は、一九七〇年代に生み出された。「日本社会の経済的発展、そこからくる『欧米』に並ぶ『大国』の位置づけを、いかにするか、という気持ちが等しくこの時期（一九七〇年代―引用者）の『日本文化論』を支配している」[12]のと同様に[13]。そして一九七〇年代に入ってからは、日本文化論が大国意識を基盤にしその肯定的な性格を一層鮮明にするとすれば、日本文化論の変型としての日本的経営論もまたしかりであった。そして、この大国意識を強固なものにする役割の一端を担ったのが、一九七九年に出版された『ジャパン・アズ・ナンバーワン』であった[14]。

これ以後、特に一九八〇年代半ば以後、日本企業の海外進出が本格化し、また経済大国としての地歩を固めると同時に、国際社会での経済大国日本への風当たりが強くなってきたこの時期、日本的経営論は、大国になればなるほど独自性にしがみつき自己陶酔することは許されず、国際的に通用可能な道を探さざるを得なくなったのである。

日本的経営の経済面における圧倒的な高業績を説明するための日本的経営論の一九八〇年代後半にみられた論調は、いまふり返ればおごり高ぶった特殊性、独自性の肯定的主張であった。

しかし、国際化の中で高まってきた日本異質論という批判に対してとった態度は、依然として経済大国という自負に支えられ、いままで日本に特殊的だといってきたものの中に普遍的な要素を探し出すことによって、すなわち日本のやり方が世界に通用する優れたものであるとの主張をより強く展開することによって、日本の組織文化特性の優秀性の確認、正当化に腐心したといってよい。

(1) 歴史学研究会/編『日本史史料［5］現代』岩波書店、一九九七年、二六八〜二六九頁。「採録した史料文中にある『もはや戦後ではない』の表現は、この白書のオリジナルではないが、高度成長の開始を示す言葉として有名である。（この表現は、中野好夫が『文芸春秋』一九五六年二月号で使ったのが最初と言われる。）」（同前、二六九頁）

(2) 橋本寿朗「一九五五年」安場保吉・猪木武徳/編『日本経済史8 高度成長』岩波書店、一九八九年、五九〜六〇頁。

(3) 有沢広巳/監修『昭和経済史［中］』日本経済新聞社、一九九四年、二〇五頁。「昭和三十年代は、成長の時代であった。二十年代の復興期に根を張った日本経済は、三十年代に入って、にわかに幹を伸ばし、枝を広げ、葉を繁らせて、四十年代を迎えるころには、世界という森の中でも有数の大樹となっていた。……/三十年代の経済は、安定成長ではなく、ダイナミックな波動を伴った成長をした。経済成長のエネルギーは、二回にわたって爆発した。一回は、昭和三十二年（一九五七年）の神武景気、他の一回は、昭和三十六年の岩戸景気である。経済は、この二つの景気の山を駆け登り、駆けおり、狂瀾怒濤の中で成長したのである。そうして、成長は変化を伴う。昭和三十年代が終わる時には、日本の経済の姿は十年以前とは一変していた」（同前、一九〇頁）

有沢広巳／編『昭和経済史』日本経済新聞社、一九七六年の文庫版である本書は、戦後、とりわけ敗戦から石油ショックに至る高度成長期の経済史を概観するのに手ごろな書物である。

（4）宮本憲一『昭和の歴史10　経済大国』小学館、一九八三年、八七～九八頁。本書は、企業国家日本の光と影を地域経済の発展という視点から描いており、社会発展の意味を問いかけている好著である。

（5）同前、一三七～一三八頁。「一九六四年（昭和三九）、庄司光と私は、環境問題に関する最初の学際的な研究成果として、『恐るべき公害』（岩波書店、一九六四年―引用者）を出版した。この時、国語辞書には「公害」ということばはまだなかった。私たちは、これをパブリック＝ニューサンス〔public nuisance―引用者〕という英語の翻訳であろうと推定した」（同前、一三六頁）「公害」については、次の文献も参照のこと。宮本憲一『日本の都市問題――その政治経済学的考察――』筑摩書房、一九六九年、「Ⅱ　公害と災害」および加藤邦興『日本公害論――技術論の視点から――』青木書店、一九七七年。

（6）橋本寿朗、前掲論文、四五～四七頁。

（7）島田晴雄『ヒューマンウェアの経済学――アメリカのなかの日本企業』岩波書店、一九八八年。

（8）伊丹敬之『人本主義企業――変わる経営　変わらぬ原理』筑摩書房、一九八七年。

（9）『日本大百科全書』（小学館）では、過労死について次のように説明している。「長時間過密労働、深夜勤、海外出張、単身赴任等による極度のストレスを原因とする死亡のこと。脳出血、くも膜下出血、急性心不全、心筋梗塞など、脳や心臓疾患による死亡が圧倒的に大きな比重を占めている。／……過労死は一九七三年（昭和四八）のオイル・ショック以来の相次ぐ労働強化によって急増してきたものと推察されるが、これまでは過労死の労災認定が困難なため、遺族が泣き寝入りをするケースがほとんどであった。この点を問題視した弁護士の有志によって、一九八八年に「過労死弁護団全国連絡会議」が結成され、「過労死一一〇番」が全国の都道府県に設けられ、家族の相談に応じるようになった。この結果、過労死はわが国のみならず世界的に広く知られるようになった。／過労死の労災認定のためには、遺族が過重な業務による過重負荷を証明しなければならないが、ほとんどの日本の企業は過労死を認めていないので、企業の協力は得られない。このため、過労死の労災認定は労働行政の厚い壁に阻まれている」（『日本大百科全書』小学館）

『広辞苑（第四版）』（岩波書店、一九九一年）は、「仕事のしすぎによる勤労者の急死。一九八〇年代後半から一般化した語」だとして、簡単な説明ではあるが、初めて過労死という項目を掲載した。一九八三年出版の第三版には、「過労死」ということばは含まれていなかったのである。注目したいのは、定義内容ではなく、多くの人が利用する『広辞苑』が収録したことの意義である。それだけ、過労死という事態が特殊ではなくなり、急速に常態化してきたということだと理解すべきであろう。過労死は、何かを「得る」あるいは「守る」ために、自らの命を「犠牲」にした事態である。死は究極であるが、自己破綻は死に至らずとも存在する。

過労死問題が世間の注目を浴び始めたのは、「過労死一一〇番」の全国ネットが設置された一九八八年六月以降だが、それ以前、大阪では「大阪急性死等労災認定連絡会」が一九八一年七月に発足し、同時に電話相談を開始していた。そして、「過労死一一〇番」の開始によって、内外のジャーナリズムが過労死問題をくり返し報道するようになったのである。本格的な海外報道の契機は、アメリカの『シカゴ・トリビューン』紙が"Death from overwork"として報道したことであったといわれている（川人博『過労死社会と日本――変革へのメッセージ――』花伝社、一九九二年、二三二頁）。

一九九一年八月二九日には、「国連人権小委員会」で日本人の過労死問題が初めてとりあげられたとの報道がなされた（『日本経済新聞』、一九九一年八月三〇日付）。それによれば、米国の非政府機関「インターナショナル・エデュケーション・ディベロップメント（ＩＥＤ）」のジュネーブ代表が発言し、過労死がおこるのは日本政府が残業や長時間労働の制限を法的に規制しないからだと説明し、政府の対応が「国連人権規約に違反する」と強調したが、これに対してジュネーブの日本政府代表は、答弁の機会が与えられたがこれを拒否したのである。

さて、過労死被災者はいったいどのくらいの長時間労働をしていたのであろうか。過労死弁護団の指摘によると、年間三〇〇〇時間が目安のようである。中には三五〇〇時間を超える者もいる。完全週休二日で年間三〇〇〇時間の労働をするとなれば、おおまかにみて年間二五〇日労働で、一日一二時間労働、残業は月八〇時間強（一日四時間）となる（川人博、前掲書、七八～七九頁）。死に至らないまでも、このような異常な事態は健康にとどまらず、家庭生活をも破壊するのは間違いない。

過労死問題の社会科学的分析を代表する最良の文献として、川人博前掲書および森岡孝二『過労死は何を告発しているか――現代日本の企業と労働』岩波書店、二〇一三年を参照のこと。

(10) 青木保『「日本文化論」の変容――戦後日本の文化とアイデンティティー』中央公論社、一九九〇年、二〇~二一頁。戦後の日本文化論の変化を近代化と国際化という視点から跡づけた著作であり、日本的経営をめぐる議論を理解する上で大変参考になる。

(11) 同前、二七頁、一五五頁。

(12) 同前、一一一~一一二頁。

(13) こうした意識は、一九六〇年代後半に海外で登場した多くの日本論によって後押しされたのである。その一端を紹介すると、ロンドンの『エコノミスト』誌に掲載されたノーマン・マクレーの二つの報告(「驚くべき日本」一九六二年、「日本は昇った」一九六七年)、ハーマン・カーン『紀元二〇〇〇年――三十三年後の世界』(アンソニー・ウィナーとの共著、一九六七年)、ロベール・ギラン『第三の大国・日本』(一九六九年)、ホーカン・ヘドバーグ『日本の挑戦――1980年代の経済超大国』(一九七〇年)、ハーマン・カーン『超大国日本の挑戦』(一九七〇年)などが注目を浴び、広く読まれたといわれる(有沢広巳/監修、前掲書、三六一~三六二頁)。

(14) Vogel, Ezra F. *Japan as Number One: Lessons for America* (Cambridge, Mass.: Harvard University Press), 1979. エズラ・F・ヴォーゲル/著、広中和歌子・木本彰子/訳『ジャパン・アズ・ナンバーワン　アメリカへの教訓』TBSブリタニカ、一九七九年。

3　グローバリゼーションの中に

バブルの破裂と九〇年代

「日本経済は、九〇年代に入ると、長く繁栄を謳歌したバブル景気に別れを告げ、九一年五月から平成不況に突入した。戦後最長の景気拡大を記録した『いざなぎ景気』（五七カ月）には及ばなかったものの、地価、株価の空前の上昇を伴い昭和から平成へと続いた拡大の時代（五三カ月）はここに終わりを遂げたのである」[1]と記されているように、一九九〇年代に入りバブルは破裂し、金ぴかの八〇年代は終わった。と同時に、先のナルシシスト的議論も鳴りを潜めた。

一九九〇年一二月、内閣総理大臣の諮問を受けた「第一三次国民生活審議会」（「総合政策部会」「消費者生活部会」から成る）は、翌年一一月に『個人生活優先社会をめざして』と題する「総合政策部会基本政策委員会中間報告」を発表した。そこでは、日本が「企業をはじめとする組織の存在が拡大しすぎ、その目的や行動原理が、個人や社会のそれに優先し、個人生活の自由度が制約された社会」であるととらえ、「『会社人間』化」、「分配、格差の問題」に加え、「競争ルールの歪み」「外部不経済の発生」など「資源分配の歪み」の改革を主張しており、状況認識を含め報告内容は多くの国民の共感をえるものとなっていた。

戦後、日本国民は経済復興、経済発展に営々と努力を重ねて来た。そして国民の勤勉と関係者の努力のおかげで、日本経済は開発途上国並みの水準から世界一と言われるところまで発展して来た。これは確かに偉大な成功であったが、国民のエネルギーを経済発展に集中した結果として経済効率第一主義の社会システムができ上がり、また人々の考え方の中にもそれが強く根を下ろしてしまった。

……仕事の効率第一、職業中心のシステム、習慣、考え方が確立してしまった。仕事のために個人生活や家庭生活を犠牲にすることを厭わない、或いは悪としない風潮もできてしまっている。長い労働時間と通勤時間、狭い、或いは質の悪い住宅、産業設備に対する生活関連社会資本の整備の遅れ等は、全てこのような日本社会の経済効率第一主義の構造の生み出したものと言えるであろう。

この報告書ではそのような構造を「企業中心社会」という概念で捉え、それをより「個人生活中心」の方向へと転換すべきことを主張している。(2)

時の首相も就任に際して「生活大国」化の所信を表明し、さらに翌一九九二年六月にはこの中間報告を踏まえ、「第一三次国民生活審議会総合政策部会一次報告　個人生活を重視する社会へ」が発表されるという状況のもとで、企業中心社会の変革への始動が期待されたのである。

「日本型経営」が危い

ほぼ時同じく、当時ソニー会長で経団連副会長でもあった盛田昭夫が一九九二年二月に発表した論文「『日本型経営』が危い」(3)は、内外で大きな反響を呼んだ。(4)というのは、日本を代表する企業経営者が、「日本型経営」の見直しを提言したからである。盛田の問題意識は何だったのだろうか。

盛田は次のように述べている。九一年一一月に経団連訪欧ミッションの一員として欧州四カ国の政府ならびに産業界の要人と意見交換した際、ヨーロッパと日本の競争ルールの違いを批判され、「日本が強い競争力をもつ産業に対してヨーロッパの人々がいかに強い脅威の念を抱き、また日本企業に対してヨーロッパ企業との共存共栄をどれほど強く求めているか、ということが痛いほど伝わってきました」(5)。「日本は世界経済のボーダレス化の流れの中に深く組み込まれており」、環境問題や資源問題をはじめとする「世界的規模の課題は、すべて日本の将来に大きなインパクトを持つものであります。……そのような世界的にクリティカルな時に、その三極〔日米欧─引用者〕の大事な一角である日本という国が、欧米から不信の目で見られているような状況は何としても変えていかなければなりません。そのための大事な一歩として、日本企業が欧米と整合性のあるルールの上でフェアな競争をしていくことが何としても重要なのです」。すなわち、欧米の批判にももっともなところがあり、日本企業の競争のやり方の特異性を再考し、「欧米と整合性を持った競争ルールの確立を通じて欧米の対日不信を払拭し、グローバルな課題解決のための日米欧の緊密な協力関係を築き」「豊かな日本の創造」を目指す、というのが彼の考えの核心であった。それゆえ、「今一度我々の企業理念を真剣に考える時なのです」と述べ、改革の提言を行なった。彼が考えるべき問題だとして提起したのは、次の六つである。(6)

1）生活に豊かさとゆとりが得られるように、十分な休暇をとり、労働時間を短縮できるよう配慮すべきではないか？ —旧西ドイツ・フランス並みへの速やかな移行は現実的ではないにしても、アメリカ並みのレベルを目標としてみてはどうか。

2）現在の給与は、企業の運営を担うすべての人達が真の豊かさを実感できるレベルにあるのか。貢献している人々がその働きに応じて十分に報われるシステムになっているのか？

3）欧米並みの配当性向を確保するべきではないか？

4）資材・部品の購入価格、納期の面で、取引先に不満を持たせているようなことはないか？

5）企業および個々人が社会やコミュニティーの一員であることを認識し、積極的な社会貢献に努めるべきではないか？—コミュニティーの抱える諸問題を、企業が共に分かち合う覚悟を持つべきではないか。

6）環境保護および省資源対策に十分配慮しているか？—環境、資源、エネルギーは人類共通の財産であることを強く認識するべきではないか。

このように、盛田は、日本企業の経営理念の正当性に疑問を投げかけ、企業理念の根本的な変革が必要だと主張したのである。

これまで日本企業は競争に勝ち抜くことに意を注ぎ、効率ばかりを追求する余りに、企業活動に際して、前述のような諸側面を十分配慮して来なかったのではないでしょうか。今後、効率の犠牲となってきたこうした諸点を、企業は十分考慮し、適正なマージンを付加しつつ価格を決定していかなければいけません。そしてそのうえで競争力を維持していくことを心がけなければならないのです。[7]

先に示した改善すべきだとされた諸項目はそれぞれ重要な内容を示唆しており、また多くの人々の共感を得たことに明らかなように、盛田の提言は開明的であった。そのことは、何よりも戦後一貫して問われることのなかった企業理念それ自体の正当性を、真正面から疑問視したことに明らかである。

しかしながら、それにもかかわらず彼の提言内容は、重要課題をただ「列挙」したにとどまっていたといわざるを得ない。それは、欧米の主張する競争ルールとの整合の必要性を主張しながらも、これまでの「労使が共に苦楽を分かち合うという運命共同体的な企業経営慣行」に対して独創的なできごととして深い信頼を置きつつ、欧米の対日不信感を払拭するという盛田の意識からすれば、当然のことであったと思われる。(8) 盛田は、運命共同休的な経営慣行が日本企業の歴史の中で極めて独創的なできごとであり、そしてこれを競争力の強さの最大の源と考えている。企業を運命共同体だと考えるこのようなわが国特有な思想が、日本人の豊かさやゆとりの実現を妨げてきたのではないのか、という疑問は盛田にはないようである。だが、この運命共同体的な企業経営慣行あるいはそのような組織文化のはらむ問題性に注意を払うことなくただ誇ること、それ自体に問題があるのである。

企業組織は運命共同体ではないし、そうあるべきでもない。運命共同体にあってはそこに属する個人は一蓮托生の身であり、個人は共同体の目的に同化させられ、個人の自由意志に基づく活動の余地はない。欧米の競争ルールとの整合を問題にするのであれば、日本の企業組織が運命共同体的な意識でこれまで運営されてきたことへの深い反省こそが、盛田提言に明示されるべきであった。

先の六つの提言を総括して、「これまでの運命共同体的な意識をあらため、個々人の人格を尊重する企業運営に転換すべきではないか」という提言を、七番目に付け加えなければならなかったのである。日本型経営の抱えるさまざまな問題の改善を大胆に提起した盛田提言には敬服すべき点が多いものの、日本型経営の根本的問題点の改革提言とはなっていなかったといわざるを得ない。(9)

このことは、一年後に発表された「新・自由経済への提言」においても確認される。この論文においても同様に、「日本経済を積極的に世界に一体化させること、世界経済のリーダー格としてその発展に参画することが、世界から期待されて」いる日本は、自由経済体制の新しい経済秩序を実現するための自由競争の土俵づくり（競争ルールの共通化）の一翼を担わねばならない。そのために自国の利害だけでなく国際的な視点に立つよう、すなわち積極的に世界に一体化させるように経営理念の大転換を遂げるべき、と主張したのである。

先の盛田論文の表題は『『日本型経営』が危い』であり、一年後の主張を合わせて考えると、「日本型経営」の特異性を改善する必要性を認識しつつも、その主眼は国際社会からの締め出しという危機意識に基づく欧米の競争ルールとの整合にあり、「日本型経営」の最も重要な目標であるべき日本「人」の豊かさやゆとりの状況を真剣に危ぶんだのではなかった、と判断せざるをえない[10]。

ヨーロッパの政府や産業界の人々が盛田に「あなたたちは我々と競争のルールが違うのだ」という時、彼らは、日本の競争ルールの背後にある社会や企業組織の文化的異質性に脅威を感じたのである。したがって、競争ルールを論じるのであれば、すでに述べたようにイギリスの社会学者ドーアが拒否した運命共同体的組織文化（前章で引用したドーアのことばでは、「働き蜂の資質」）の個人への強制こそが問題にされなければならなかったのである。

経済効率性は勿論大切である。生産性を上げるに越したことはない。しかし、私だったら日本の企業の従業員にはなりたいとは思わない。第一、年に二二〇〇時間の労働を会社に捧げるのは後免こうむる。自分の私生活、家族生活、レジャー生活に対して労働生活を日本と同じ程度優先させなければならないとすればこれはいやだ（そういう働き蜂の資質がどれだけ日本企業の競争力に貢献しているかを過小評価してはならないと思う。それも、二二〇〇時間という、ＯＥＣＤ統計に現われるブルー・カラーの労働時間より、むしろ、他社より一日でも早く新製品のデザインを完成しようとする研究開発部の若手技術者とか、新しい生産ラインの計画実施にたずさわっている生産管理者などが、毎晩一一時まで残って働く用意があることの方がより重要な競争力の秘訣であろう）[11]。

(1) 日本経済新聞社／編『ゼミナール 現代企業入門(第二版)』日本経済新聞社、一九九五年、二頁。
(2) 経済企画庁国民生活局／編『第一三次国民生活審議会総合政策部会、基本政策委員会中間報告 個人生活優先社会をめざして』大蔵省印刷局、一九九一年一一月、序文。
(3) 盛田昭夫「『日本型経営』が危い」『文藝春秋』、一九九二年二月号、九四〜一〇三頁。
(4) その一年後、大きな反響を踏まえ、再度論文を発表している。盛田昭夫「新・自由経済への提言」『文藝春秋』、一九九三年二月号、九四〜一〇九頁を参照のこと。
(5) 盛田昭夫「『日本型経営』が危い」、九八頁。
(6) 同前、一〇二頁。
(7) 同前。
(8) 「戦後の復興期において、GHQの指導による労働慣行の民主化の結果としてもたらされた終身雇用制は日本企業の経営慣行に大きな変革をもたらしました。これによって、企業のマネジメントと従業員の間に『運命共同体』的意識が形作られ、労使間、従業員間に給与面で大きな格差を設けないやり方や、年功序列意識といった日本的な平等主義につながることになりました。さらには、『欧米に追いつけ、追い越せ』という共通の目標のため労使が一体となって技術をみがき、生産効率を上げ、品質の向上に励むという欧米とは異なった企業風土を生みだすこととなりました」(同前、一〇〇頁)
「日本の企業人は戦後、終身雇用制という新しい体制を築き上げ、労使がともに苦楽を分かち合うという運命共同体的な企業経営慣行を作り出しました。これは日本企業の歴史の中で極

めて独創的なできごとであったわけです」（同前、一〇三頁）

「日本企業は、これまで、運命共同体的な労使関係を重んじてきました。これは、日本企業の素晴らしい点であったと思います。その安定的な労使関係は、今後、柔軟に変わっていく可能性はありますが、基本的には、ぜひ守っていかなくてはなりません」（盛田昭夫「新・自由経済への提言」、一〇一頁）

（9）著名なオランダ人ジャーナリストのカレル・ヴァン・ウォルフレンも、筆者と同じ見方をしている。すなわち、「彼は経営手法を改めなくてはいけないというあいまいな言い方をしたにとどまり、他国の経営手法とどこが決定的にちがうのか、実際には明確には示してはいない」（Wolferen, Karel van, *The False Realities of a Politicized Society*, 1994. カレル・ヴァン・ウォルフレン／著、篠原勝／訳『人間を幸福にしない日本というシステム』毎日新聞社、一九九四年、六二頁）。本書は、日本の経済システムとそれを規定する政治文化の解明に研究の焦点を当てて活動しているオランダ生まれの国際的なジャーナリストである著者が、日本の読者を対象に書き下ろしたオリジナルであり、より平易に日本の社会・政治・経済システムを分析し、日本に民主主義を実現するためのアイデアを提示している。

（10）盛田は次のように述べている。「日本企業が、ステークホルダーズ（顧客・従業員・株主・協力企業・地域社会など）を無視してきたというのでは、決してありません。一方、日本企業が、残業をものともせず夢中になって働く従業員によって支えられてきたこともまた、疑いないところです。しかし、今日になってみると、日本企業が発展を遂げたほどには、人々の暮らしが豊かになったとはいえません。ワーカホリックとまでいわれるほど働きながら、なかなか家も買えません。長時間労働で、家族とくつろいだ時間を持ちにくいのも事実でしょう。欧米の企業から眺めれば、日本企業は個人の豊かさを犠牲にしても競争に勝とうとしているようにみえ、アンフェアに映るのだろうと思います」（盛田昭夫「新・自由経済への提言」、一〇〇〜一〇一頁）「今日の強大な日本経済を築く基礎となった政治・経済のシステムは、今や、自由競争の徹底や今後の世界経済の発展のためには、ブレーキをかける方向に作用している部分があることを直視しなくてはなりません。そうしたシステムの集大成が、それこそ要塞国家日本（フォートレス・ジャパン）と呼ばれるまでになっています。在来のシステムに固執することは、つまるところ、日本を世界から孤立させ、経済の衰退を招くおそれなしとしません」（同前、一〇九頁）

(11) Dore, R. P., *British Factory-Japanese Factory: The Origins of National Diversity in Industrial Relations* (University of California Press, 1973). ロナルド・P・ドーア／著、山之内靖・永易浩一／訳『イギリスの工場・日本の工場　労使関係の比較社会学』筑摩書房、一九八七年、「日本語版への序」、X頁。

4　経営の再生

日本の組織文化

ドーアの批判を真剣に受けとめるならば、日本社会の最も重大な欠陥の一つは、運命共同体としての組織に献身することを美徳とする、組織第一、個人は二の次という考えが半ば公認されてきたことである。

　わが国経営組織における部下の上司に対する人格的従属性、部下は人格的存在とみなされない現実をみればいい。職位間の関係は、本来的には組織の目的を遂行するために定められた職務の権限関係であり、人格的関係ではない。両者の関係は、職務遂行上の地位、すなわち職位と職位との関係にすぎないのである。もちろん、労働者が「労働過程において使用者の指揮命令に服従して労務を提供せざるをえない地位にある」[1]こと、すなわちいわゆる人格的従属性が存在するのは事実である。労働者保護法としての労働法が形成されたのも、この事実に由来する。だが、使用者の指揮命令権は、一定の時間、約定された労務を提供する義務を労働者に遂行させる権利であって、組織にあっても労働者の人格を支配する権利では決してない。ところが、「わが国の使用者は応々（ママ）にして、自己の指揮命令権の範囲を越えて労働者の私的自由に介入しようとする」[2]との指摘にみられるように、わが国では使用者の指揮命令権の拡張は既成事実化してしまっているのである。

　このような事態が生じるのは、組織においては個々人の人格が認められていないということを意味する。すなわち、存在するのは組織の人格のみであって個人は全人格的存在ではなく全体の部分にすぎず、組織は個々の独立した人格から成る協働体ではないという現象が作り出されている。組織という一人格の内に人格が分業化され、上司が組織の人格を代表することになる。平等なはずの個々人の人格が組織内では否定され、上司は部下よりも人間的に偉いとみなされ、上司の命令は部下の私的自由の領域にまで及び得ると想定される。日本の企業組織はこのような問題をはらんでいるのである。

日本企業は、このような問題を自覚せず放置したまま、宗教とさえなった経済効率性の達成という目標を掲げ、高度成長を経て金ぴかの一九八〇年代を駆け抜けてきた。日本企業の高い経済的業績によって、矛盾は表面化することなく覆い隠されてきたのである。

グローバリゼーションのうねりの中、世界的規模で市場原理の徹底と「経済効率性」が声高に叫ばれている現状では、日本のこの文化特性はいっそう強められていくように思われる。しかしそれは、私たち市民にとって幸せなこととは思えない。なぜか。

運命共同体幻想を醸成し、人格的存在としての個人を認めない組織による経済効率性の追求は、これまでに多くの問題をもたらしてきた。本来人格的存在である個人を仕事マシーンとしてしか活かさない組織は、自らの招いた結果として人間性と社会性を欠くことになり、そうした組織で生活の多くの時間を費やす個人もまた、人格的存在に欠ける思考と行動をするようになる。

例えば、「サービス残業」(3)という名の強制労働が社会的に半ば正当化され、個々人がそれを拒否できない状況や、過重で過密な労働を強いる体制が、相変わらず競争の有力な手段として公然と放置されているという非人間性、テレビなどで残忍なシーンをほとんど規制もなく平気で流し、自動販売機では未成年でもアルコールを自由に購入でき（若干の制約はあるが）、子供の人気番組の直前や直後にアルコールのテレビ・コマーシャルが平然と流れる反社会性等々、「豊かな」日本は未だにそのような国なのである。

会社でテレビなどの残忍なシーンを自ら製作している人も、家庭に帰れば子供にはそれをみないようにというだろうし、タバコの製造に携わっている人も、タバコを自分の子供に吸ってもらいたいとは思わないだろう。しかし、アルコールのコマーシャルが家族団欒時にテレビで流れていても、駅の売店やコンビニエンス・ストアに置かれている週刊誌で容易にヌード写真などをみることができることにも問題性を感じないほどに、私たちはいつの間にか社会的感覚が麻痺しているのである。(4)

これまで述べてきたように、経済効率至上主義の運命共同体的組織文化は、戦後日本の支配的企業理念の基盤であった。そしてこれが、高度成長以来金ぴかの一九八〇年代を通じて正当化されてきたのである。確かに貧しき日本は過去のこととなり、先進諸国に並ぶ物質的豊かさを謳歌できるまでの水準に、いま私たちは立っている。経済効率性の追求という命題が組織の絶対的価値として据えられ、それが疑念なく正当性を持ち得たのも、このような経済的成功という目に見える成果の一部を個人に配分しえたからであった。それゆえ、多くの人はこのような組織観を共有してきたのである。

しかしながら、他方で個人の人格を認めないこのような価値観の浸透は、個々人の社会的・人間的理性を麻痺させ、また組織それ自体の反社会性・非人間性的性格を増幅させてきたことも忘れてはならない。高度成長期に顕在化した公害問題や一九八〇年代後半以降の過労死の社会問題化、経済大国日本に対する欧米諸国からの競争ルール批判は、日本の組織文化への警鐘であり、その正当性が問われていたのである。にもかかわらず、組織のこの価値観の正当性が深く問われることなく現在に至っている[5]。

二〇〇〇年ころを境として、わが国はグローバリゼーションの大波に飲み込まれている。バブル期に世界最強だと豪語していた金融機関は、瀕死の底から抜け出すために国家の手厚い庇護のもとになりふりかまわぬ再編に走った。また、戦後の日本経済躍進の牽引車であった基幹産業のエレクトロニクス産業において、各企業は、テレビ事業の価格競争による消耗戦を避けるために世界の生産体制を見直すなどリストラクチャリングを徹底し、利益率重視の経営体質への変身を試みようとしているが、いまのところまだ明確な進路（ビジョン）が示されているとは思えない[6]。

もう一つの基幹産業である自動車業界も、規模の追求を目的としたかつての動きから、環境や安全技術などを軸とした緩やかな連携へと競争軸が変わる中、トヨタ自動車とスズキが連携するという大きな動きが起こるなど[7]、自動車業界も国際的提携の渦中で生き残りの道を模索している。日本経済の進路を照らす明かりは、未だ灯されている状況にはない。

国内メーカーのテレビ事業縮小の動き

2012年	3月	東芝、国内生産を終了
	8月	日立製作所、自社生産を終了
2014年	3月	パナソニック、プラズマテレビの販売終了
	7月	ソニー、テレビ事業を分社化。高価格帯に注力
2016年	8月	パナソニック、テレビ用液晶パネルの生産終了
2018年	2月	東芝、テレビ事業をハイセンスに売却
	10月	日立、国内販売を終了
2021年	4月	パナソニック、TCLへの生産委託を検討

図表 2－3　テレビ事業からの撤退
提供　朝日新聞社
（出所）「国内メーカーのテレビ事業縮小の動き」『新日新聞』、2021年 5 月 1 日付。

グローバリゼーションの進展は、わが国企業に対して、これまで以上に経済効率性を追求する方向への圧力を強めることになるだろう。大きな経済成長の見込めない状況のもと、先に指摘した盛田の経営組織改革の提言が実行されるどころか、日本企業はよりいっそう旧来の組織体質を強めていくように思われる。だがこの道は、進むべき道では決してない。

組織文化の再生

以上述べてきたように、運命共同体的組織観に支えられ経済効率性を追求するというわが国の組織文化の正当性は、戦後今日に至るまで幾度となく揺らぎつつも保たれてきた。そこには、一面で個々人がそれを「受容」してきたという背景がある。一九六〇年代の高度成長と七〇年代後半の減量経営を契機に、個人は組織に囲い込まれた、といってよい。すなわち、一九六〇年代の高度成長は企業の成長が個人の昇進や昇給に直結する等式をつくりあげ、個人が企業への依存を前提に自らの人生を設計する構造が成立した。組織への献身は報われるという経験的事実によって、運命共同体的組織観は受容され、正当性をもったのである。さらに、七〇年代半ばの石油危機を引き金とする不況といわゆる減量経営の過程で、個人の企業依存構造と意識が確立したといわれる[8]。組織への献身がなければ報われないという事態に直面し、運命共同体的組織観は再び正当化されたのである。こうして確立した意識と構造は、八〇年代後半以降の経済大国化と九〇年代の不況という、六〇年代ならびに七〇年代後半の状況が再現する過程を通じていっそう強化され、人々にとっては、先の意識と構造はいわば自然状態化したかのようである。

しかし、状況は変化しつつある。石油危機を契機とする七〇年代の減量経営はわが国が著しい成長を実現した時期の現象であり、余剰人員の整理といっても中核的ホワイトカラー層をターゲットにしたものではなかった。それゆえ、運命共同体的意識を崩壊させるほどの衝撃はもち得なかったのである。他方で、バブル崩壊後のグローバリゼーション下での大胆な人員整理は、明らかにこれらの中核的ホワイトカラー層をも整理することに焦点をおいたものであった。[9]
それは、一九九〇年代末ころからの非正規就業者の大幅な増加にも示されている。男性の場合、雇用者に占める非正規就業者の割合が、一九九二年までは一〇％を切っていたが、四半世紀後の二〇一七年には二二・三％へと増加しており、女性の場合も同じく三九・一％から五六・六％へと大幅に増加している。[10] 若年層の非正規化について、厚生労働省は次のように分析している。

バブルの崩壊は、雇用情勢の悪化を引き起こしたが、その中でも、若者の雇用問題を特に深刻化させ、それまでの景気後退と異なる様相を示した。経済活動の落ち込みに対し、企業は雇用調整で対処したが、その方法として採用抑制が強まり、若年層の失業が急速に広がったのである。また、経済活動の後退も、バブル崩壊後の後退過程が長引いたのに加え、一九九七年央からの経済の落ち込みは特に大きく、正規雇用の削減規模はさらに拡大し、若年層では、不本意な職業選択の結果として非正規雇用へと追いつめられる者が増えていった。
労働者の就業形態をみると、長期的に非正規雇用比率の緩やかな上昇が見られるが、一九九〇年代半ば頃より、その上昇テンポは高まり、特に、若年層で上昇が大きかった。一五～二四歳層の非正規雇用比率は、一九九五年の一二・九%から、二〇〇五年の三四・六%へと、他の年齢階級と比べても著しい上昇を示したのである。[11]

このような状況のもとでは、個人がいままでのような運命共同体的意識を抱いても、組織はそれに応えてはくれない。小さなパイの分け前にあずかろうと、過酷な生存競争に憂き身をやつす時代は終わろうとしている。個人の「受容」を支えてきた基盤が崩れようとしているのである。

さらに、グローバリゼーションの進展は新たな問題を生み出す可能性を秘めている。グローバリゼーションが、地球規模で経済効率性をめぐる企業間競争をよりいっそう強めるからである。かつて一九九〇年代初頭、ドイツと日本の労働者権を比較して、ある労働法学者は次のような傾聴すべき指摘を行っている。

経済状態の大幅な改善が見られないかぎり、ドイツにおける労使関係や労働法の「日本化」はますます進行していく可能性があろう。

それが、全体として労働条件や労働者権の低下をもたらすことは必至である。一五〇年以上に及ぶヨーロッパ労働運動が血と汗を流して獲得してきた成果を、いま「極東の競争者」がソーシャル・ダンピングによって大きく掘り崩そうとしている。日本の労働者として、それをどう考えるか。今、そうした問いがわれわれに突きつけられているのだ。

このような事態を避けるためには、日本の労使関係・労働法のある種の「ドイツ化」は必然であろう。もちろん、日本社会がその特質を失って完全にドイツ的な構造に同化することなどありえない。しかし、労働条件の大幅な引き上げや労働者権の周到な保障という意味での「ドイツ化」は決して不可能ではない。そのような意味での「ドイツ化」は、日本の労働者の抱える問題を解決する鍵となるだけでなく、日本人にとって、国際的な責務にさえなっているといえないだろうか。[12]

アジアの国々が世界の工場となって久しい。特にその中心である中国は、従来のような労働集約的産業のみならず、家電、ＩＴ関連機器などの世界的製造拠点となっている。これら国々には人件費、土地代、電力料金、法人税などさまざまな点で、圧倒的な競争優位の基盤が整備されているからである。わが国も二〇〇〇年頃には、「国内での低下価格競争を乗り切るため、人件費などの安い中国を中心にアジア地域に生産拠点や生産・品質管理の技術を移し、製品を日本に輸入する動きが拡大している」[13]ので、「アジア各国・地域が互いに競い合いながら生産基盤を強化するなか、日本が構造改革に手間取り高コスト体質を改善できなければ、産業の空洞化は一段と進行しかねない」[14]といわれていた。
グローバリゼーションの進展とともに、国内においてはよりいっそう低コスト志向の経済効率が追求されることになるだろう。企業は労働者の危機感を煽り、さらなる労使の運命共同体的意識を強化することによって。他方、日本企業がコスト格差の歴然としたアジア諸国に進出する傾向がさらに強まるのはまちがいない。受け入れ諸国の側での基盤整備の競い合いは、新たな問題を引き起こす可能性がある。すなわち、アジア諸国に対して労働条件や労働者の権利低下を、半ば強制することになるのではないのかという問題である。
一九九九年に出版された*No Logo*という優れた研究は、フィリピンの輸出加工ゾーン「カビテは、他の競合ゾーンと同様に、バーゲンを求める世界ブランドが巨大カートでまとめ買いする『買い物クラブ』である」[15]と指摘している。ここを含めてインドネシア、中国、メキシコ、ベトナムなどの輸出加工ゾーンでは、「世界中の衣料品、玩具、靴、電子製品、機械、車などがつくられ」、「経済地域というよりは独立国」のようで、「輸出入関税はかからず、法人税や固定資産税も必要ない」ことも多く、[16]長時間労働や低賃金や軍隊式経営など「労働環境はよく似ている」状況であった。[17]「搾取工場」は現存しているのである。[18]
先進諸国の企業は世界で一番安くつくれる場所を探し求めている。その秘密の場所が「輸出加工ゾーン」である。このゾーンを利用し徹底したコスト削減によって競争に勝つ、これがグローバリゼーション下の競争戦略の鍵であり、わが国もその方向に邁進している。この道が内外を問わず労働条件や労働者権の低下に導くのはまちがいない。

このような事態に対して、北米では、一九九五年から一九九六年にかけて、「搾取工場の年」と呼ばれるほどにその実態が数多く報道され、その後も批判運動の勢力は衰えることなく続いているという。[19]他方で、わが国の実情はどうか。日系企業だけが「搾取工場」をもたず不当な労働環境を強いていないと考えることは難しいが、寡聞にして筆者は、わが国において日系企業の労働環境の実態について北米のような報道や運動が行なわれたという事実を知らない。私たちの回りを見渡せば、このような輸出加工ゾーンでつくられたと思われる商品が溢れているのにもかかわらず。わが国では他国の労働者には関心がないかのように、北米であれほど厳しい批判の対象となっている著名大企業の「搾取工場」に対する批判の動きもほとんど起こっていない。[20]

このような違いはどこから生じるのか。

日本の労働条件や労働者権がドイツよりも著しく劣っているのは、人間の尊厳の思想が定着していないことに根本的な理由があるといわれている。人間の尊厳の思想は、労働者の人間に値する生活水準の保障、労働者の人格権尊重などとともに、人は自分に関係することについて自ら決定できるか、少なくとも決定に関与できなければならない、という思想である。[21]経営組織においても、人は個人としての人格を尊重されなければならないということである。

要するに、わが国においては、人間の尊厳という思想定着の遅れが自国労働者の労働条件や労働者権を低いレベルに押しとどめたのと同じ理由によって、他国の労働者権に対する無関心状況を引き起こしていると考えられる。このような事態の変革なくして真の豊かな社会を創造することなど、到底不可能である。また、自国の豊かさのためだけでなく、自国労働者の労働者権を保障するとともに、日系企業における労働環境を改善しそこで働く人々の労働者権を保障することは、経済大国日本の国際的責務となっている。このような改革は、組織において個人の人格を保障するような組織文化を創造することによって初めて可能となることを、私たちは自覚しなければならない。

(1) 西谷敏『労働法における個人と集団』有斐閣、一九九二年、六三頁。
(2) 同前、七八頁。
(3) サービス残業は、賃金の支払われない残業であるだけでなく、公的な記録さえ残らない残業なので、実態把握が非常に困難である。だが、この実態をつかまぬ限り、日本の労働時間問題の解決の糸口さえつかめない。「サービス残業」という言葉自体が不適切であり、正確には「賃金不払残業」あるいは「賃金不払強制労働」と呼ぶべきである。というのは、「サービス」という言葉には「自発性」が含意されているからである。森岡孝二は、この点について次のように的確に指摘している。「日本の労働者の働きすぎを考えるとき、過労死、過労自殺とともに見過ごせないのは『サービス残業』と呼ばれる『賃金不払残業』である。サービス残業は、所定の賃金および割増賃金を支払うことなく所定時間外および休日に労働をさせる点で、賃金不払いと割増賃金不払いの二重の違法行為であり、被害者数と被害金額からみれば最大の企業犯罪でもある」（森岡孝二『働きすぎの時代』岩波書店、二〇〇五年、一五頁）

「ただ働き」、「賃金不払いおよび割増賃金不払いの犯罪行為」であるサービス残業の年間一人当たり時間は大ざっぱにみて三〇〇時間を超えると推計されている。この点については、森岡孝二『企業中心社会の時間構造　生活摩擦の経済学』青木書店、一九九五年を参照のこと。ここで森岡は、政府労働時間統計の不備を批判して「サービス」残業の実態を暴き、企業社会日本の長時間構造が男中心社会を前提に成立していることを見事に論証している。

（4）一九九八年一二月二四日の午後五時から九時にかけて、キー局の日本テレビ、TBS、フジテレビ、テレビ朝日が流したCMを調査した「家庭栄養研究会」は、民放の食品広告において、一三年前（一九八五年一〇月）に比べて酒類の占める比率が倍増していることを示している。食品広告（CM）は全体の三七％、このうち酒類のCMは二二・五％だったが、一三年前の調査では酒類のCMは第三位の一二・二％であったという。未成年者の飲酒やアルコール依存症を増やすとして廃止を求めた主婦連合会の要望（「アルコールの致酔性・依存症という特性を考慮し、酒類のテレビCMを全廃すること」、一九九八年四月二二日）に配慮して、酒類業中央団体連絡協議会も翌一九九八年五月にCMに関する自主基準を改定した。

だが、この改定された基準が守られていないという。例えば、蝶矢洋酒醸造は、「商品のターゲットが主婦層なので、昼間のＣＭは効果的だ。今のところ当社の側から減らすことは考えていない」と自主基準を守る意志のないことを明言している。「日本の業界の自主基準に比べ、フランスではアルコールの依存症を考慮して九三年にテレビＣＭを禁止するなど厳しい。アメリカでもウイスキーのＣＭ禁止や飲酒シーンを使ってはいけないなどの基準がある」にもかかわらず、他国に比べて日本は大きく遅れていることが指摘されている（『朝日新聞』、一九九九年二月二三日付）。

飲酒に関する連絡協議会メンバー（酒類業中央団体連絡協議会の九団体）が、「酒類の広告・宣伝及び酒類容器の表示に関する自主基準」（一九八八年一二月九日制定、二〇一九年七月一日最終改正）を定めたのは、右の調査の一〇年前の一九八八年であり、少しずつではあるが改善がみられる。時間規制についてみれば、二〇〇九年時点では、土・日・祝祭休日・振替休日・一月二〜三日は五時〇〇分〜一二時〇〇分／月〜金は五時〇〇分〜一八時〇〇分だったが、現在テレビ広告を行なわない時間帯は一律、五時〇〇分〜一八時〇〇分となっている。例えば、サントリーグループの「アルコール関連問題への取り組み」では、「適正飲酒のために――サントリーの基本理念・行動指針」を二〇〇二年に制定し、アルコール関連の専門組織を設けている（https://www.suntory.co.jp/company/csr/soc_alcohol/ 二〇二三年九月七日閲覧）。

しかし、全体としてみればあいかわらず他国に比べて遅れている状況に変わりはない。これらの点については、主婦連合会や特定非営利活動法人ＡＳＫのホームページ、特に後者の「アルコールＣＭ調査」（二〇〇九年七月）などを参照のこと。

（5）遅まきながら国も過労死問題の重大性を考慮して、「過労死等防止対策推進法」（二〇一四年一一月一日施行）を制定した。そして、この法律の基本的な考え方を踏まえ、過労死等の防止のための対策を効果的に推進するために、「過労死等の防止のための対策に関する大綱」（二〇一五年七月二四日、閣議決定）を定めている。

この法律の目的は、第一条で次のように定められている。「この法律は、近年、我が国において過労死等が多発し大きな社会問題となっていること及び過労死等が、本人はもとより、その遺族又は家族のみならず社会にとっても大きな損失であることに鑑み、過労死等に関する調査研究等について定めることにより、過労死等の防止のための対策を推進し、もって過労死等がなく、仕事と生活を調和させ、健康で充実して働き続けることのできる社会の実現に寄与することを目的とする。」「過労死等」とは、「業務における過重な負荷による脳血管疾患若しくは心臓疾患を原因とする死亡若しくは業務における強い心理的負荷による精神障害を原因とする自殺による死亡又はこれらの脳血管疾患若しくは心臓疾患若しくは精神障害をいう」（同法第二条）と定義されている。

この法律制定の背景の記述は、「近年」においても「多発し大きな社会問題となっている」という事実のあることを、はっきりと示している。「過労死等」の問題が、今もなおわが国においては蔓延しているのである。さらには、「働き方改革を推進するための関係法律の整備に関する法律」（二〇一九年四月以降施行）が制定されている。このように、働き方の改革は少しずつ進みつつあるとはいえ、抜本的な改革にはなっていないといわざるを得ない。その根源は、いわゆる三六協定の存在である。働き方改革法において、時間外労働の上限が罰則付きで法律に規定され残業無制限状態がいくぶん改善されることとなったが、ドイツやフランスとはまったく比べ物にならないくらい長時間の残業を可能としている。そしてまた、労働者が残業を拒否することのできる権利も、労働基準法のなかに制度化されていないのである。

（6）例えば、以下を参照のこと。「再建　リストラ頼み　パナソニック中期計画　成長戦略、具体性欠く」（『日本経済新聞』、二〇一三年三月二九日付）、「車部品　欧州大手を傘下に　パナソニック新分野加速」（『日本経済新聞』、二〇一四年九月二五日付）、「中国・メキシコ生産撤退　パナソニック　テレビ、収益重視　日本勢リストラめど」（『日本経済新聞』、二〇一五年一月三一日付）、「TV海外消耗戦と決別　パナソニックなど相次ぎ撤退」（『日本経済新聞』、二〇一五年二月二日付）、「ソニー全事業分社」（『日本経済新聞』、二〇一五年二月一九日付）、「まだ勝つためのビジネスモデルが十分にできていない（パナソニック、津賀社長）」（『日本経済新聞』、二〇一六年四月一日付）

パナソニックのテレビ事業大幅縮小については、次を参照のこと。「パナソニック、TV生産委託　中国TCLと合意　自社は100万台、工場半減」（『日本経済新聞』（nikkei.com）、二〇二一年一二月一〇日付）

（7）「始動　トヨタ・スズキ提携　上・中・下」（『日本経済新聞』、二〇一六年一〇月一四日、一五、一六日付）を参照のこと。両社は、二〇一六年一〇月一二日に業務提携に向けた検討を開始していたが、その後、資本提携に関する合意書を締結している（二〇一九年八月二八日発表）。

（8）渡辺治『企業支配と国家』青木書店、一九九一年。特に第二章「現代日本社会の権威的構造と国家」、五五～一〇八頁を参照のこと。

（9）「一九七〇年以降でタイトルに『ホワイトカラー』を含む雑誌記事が急激に増えるのは一九

九三年である。……この年にホワイトカラーがにわかに議論を呼ぶようになったのはほかでもない。一九八〇年代後半に株価と地価の高騰で浮かれ景気に沸いた日本経済は、一九九〇年にバブルが崩壊して、九三年には深刻な不況の谷に沈み、ホワイトカラーの『冬の時代』が始まったからである」（森岡孝二『貧困化するホワイトカラー』筑摩書房、二〇〇九年、六八頁）

「日本経済は、一九九〇年代初めのバブル崩壊後、『失われた二〇年』といわれた長期不況に突入した。この間の最初の不況の谷である一九九三年には、新聞に『リストラ』という言葉とともに、『ホワイトカラーの受難』という言葉が目につくようになった。その場合のホワイトカラーというのは、管理・専門技術・事務・営業などに携わる正社員という意味である」「『終身雇用』が約束されているかのように思われてきた大企業の男性正社員が一転して人員削減の大波にさらされるようになってきたからこそ、受難といわれたのである。／ホワイトカラー正社員の受難は、一九九〇年代にとどまらず、リストラが波状的に繰り返されるなかで、いまもなお続いている」（森岡孝二『雇用身分社会』岩波書店、二〇一五年、一三三〜一三四頁）

二〇〇八年一二月、ソニーが日本企業としては最大規模の人員削減を発表し、世間を驚かせた。正社員を全体の五％の八〇〇〇人、非正規労働者を八〇〇〇人削減するという内容であった（『日本経済新聞』、二〇〇八年一二月一〇日付）。この発表に対して、『朝日新聞』は社説で次のように書いている。「世界的な消費悪化、円高、株安と経営環境はいわば三重苦の状態にある。ソニーが生き残りをかけてリストラに取り組もうとするのもわからないわけではない」けれど、「雇用は経営の『調整弁』ではない。だから人員削減に安易に乗り出さない。そういう社会的責任にこだわるのが『日本型経営』の良き伝統だった。……かつて先駆的な製品を世に送り出してきたソニーには、新製品の開発や新分野の開拓によって新たな雇用を生み出す努力をしてほしい。雇用を守るだけでなく、創り出す。そういう新・日本型経営が必要だ。／日本の経営者たち、今こそ意地の見せどころだ」（『朝日新聞』、二〇〇八年、一二月一一日付）

(10) 総務省統計局『平成一九年就業構造基本調査　結果の概要（速報）』（二〇〇八年七月三日）および『平成二九年就業構造基本調査　結果の概要』（二〇一八年七月一三日）を参照のこと。

(11) 厚生労働省『平成二三年版　労働経済の分析―世代ごとにみた働き方と雇用管理の動向―』（二〇一一年七月八日閣議配布）、二五八〜二五九頁。「今日では若者の非正規比率は他の年齢層より高いということが常識になっているが、一九八〇年代後半までさかのぼれば、若者の非正規比率は全年齢層の平均より低かったのである。／若者の非正規比率の急激な上昇の背景には、高校生や大学生のアルバイト従事者の増加があり、またサービス業や流通業を中心とするアルバイト依存産業の膨張がある」（森岡孝二、『雇用身分社会』、一六七〜一六八頁）

(12) 西谷敏『ゆとり社会の条件―日本とドイツの労働者権』労働旬報社、一九九二年、二六一頁。西谷は本書において、人間の尊厳の思想の定着度合いがゆとり社会の条件を規定するとの基本思想から、ドイツと日本の労働者の権利を比較検討している。また、本書の基本思想を論及した本格的研究書、『労働法における個人と集団』（前掲）を参照のこと。

(13) 『日本経済新聞』、二〇〇一年五月一五日付。

(14) 『日本経済新聞』、二〇〇一年六月一日付。

(15) Klein, Naomi, *No Logo* (New York: Picador USA, Paperback Edition, 2001, originally published 1999), p. 203. ナオミ・クライン／著、松島聖子／訳『ブランドなんか、いらない　搾取で巨大

化する大企業の非情』はまの出版、二〇〇一年、二〇一頁。本書は、主に北米のブランド企業に焦点を当てて、当時における先進国企業による発展途上国支配の実態を見事に分析し、その変革の展望を示している優れた研究である。

(16) 当時の中国では、「深圳や東莞の法人所得税は二四％だが、経済特区ということもあり利益が出た最初の年から二年は徴収せず、その後三年間も半分の一二％。ハイテク企業なら六年目以降も一二％」(『日本経済新聞』、二〇〇一年六月一日付)となっていた。

(17) Klein, Naomi, *No Logo*, pp. 204–206. ナオミ・クライン、前掲書、一〇二頁。

(18) また、「搾取工場情報 (Sweatshop Profiles)」の一覧表を参照のこと (*Ibid*., p. 474. 同前、四一〇頁)。

(19) *Ibid*., pp. 325–343. 同前、三〇三〜三一六頁。ビル・クリントン元米大統領は一九九七年四月一四日、劣悪な環境で長時間、低賃金労働を強いる「スウェット・ショップ (sweatshop 搾取工場)」の撲滅に向け、政府と衣料、靴業界、労働組合が合意したと発表した。米国内外の孫請け工場などを監視員が巡回し、最低賃金や法定労働時間の順守などを点検するという内容である。米国内での摘発が相次ぎ、世論の批判が高まったことが背景にある。この合意には、スポーツシューズ・メーカー最大手のナイキや衣料品大手の有力企業などが名を連ね、最低賃金の保障のほか、一週労働時間の六〇時間以内への制限、最低週休一日の確保、一五歳以下の子どもの就労禁止などの指針の順守をうたっているとのことである (『日本経済新聞』、一九九七年四月一五日付)。

スウェット・ショップ問題は過去のことではない。いつまたそのようなことが起こるか、いまも起こっているか、わからない。その背後には、営業の自由の意味を取りちがえる企業の存在と、決してなくならない貧困問題がある。この問題を考えるうえで、次の文献が参考になる。Rivoli, Pietra, *The Travels of a T-Shirt in the Global Economy*, 2nd ed. (Hoboken, New Jersey: John Wiley & Sons, Inc.), 2009. ピエトラ・リボリ／著、雨宮寛・今井章子／訳『あなたのTシャツはどこから来たのか？――誰も書かなかったグローバリゼーションの真実』東洋経済新報社、二〇〇六年。

(20)　製造を委託する工場などのリストを海外大手企業が公開する動きの広がりを踏まえ、これまで開示に積極的でなかったファーストリテイリングも、労働環境に配慮して二〇一七年から公開に踏み切った（『日本経済新聞』、二〇一六年一二月二一日付、およびファーストリテイリング「生産パートナーリスト」を参照のこと）。同社は、ホームページで次のように述べている。「サプライチェーン全体の人権尊重、労働環境改善、環境保全などに、生産パートナーとともに取り組んでいます。生産パートナーを公開することで、ファーストリテイリングのサプライチェーンの透明性を高め、責任を果たす努力をしています。／二〇一七年の生産パートナーリストの公開開始以降、公開対象の拡大に努めています。二〇二三年九月現在、継続取引予定の全縫製工場*、当社商品の素材を継続的に生産している素材工場、縫製工場が一部の加工工程（洗いやプリントなど）を委託している工場を公開しています。リストは半年ごとに更新しています。＊縫製工場は、最終商品を生産する工場を指しており、直接取引・間接取引両方の取引先工場が含まれます」（二〇二三年九月七日閲覧）

(21)　西谷敏『ゆとり社会の条件』、二五七頁。

第三章　経営機構改革と経営理念

1　台頭する拝金主義

わが国社会において、会社をモノ的にみる思想が浸透してきたのは、おそらく一九九〇年代末ころからのことである。この当時、グローバリゼーションの荒波がわが国を襲っていることを気づかせられたいくつかのできごとがある。後にくわしく述べるが、一九九七年五月のソニーの経営機構改革の発表とそれをめぐるわが国での議論の活発化は、その象徴的なできごとである。そして翌年、日本自動車業界を代表する日産自動車をフランスのルノーが買収するという発表も、大事件であった。

これらのできごとの背後には、いわゆる株価市場主義、会社＝株主のもの論の影響力の拡大がある。従来のわが国の伝統的思想は、いわば会社＝従業員のもの論、より正確にいえば、利害関係者としての株主をあまり重視しない経営であったといわれてきた。グローバル化のうねりに巻きこまれ始めた九〇年代末以降、このような伝統的な会社観の揺らぎが目立つようになってきたのである。こうした状況を比喩的に表現すれば、拝金主義の台頭といってもよいだろう。

わが国の伝統的な会社観の揺らぎは、会社はこれからどうなるのか[1]、会社はだれのものか[2]、誰のための会社にするか[3]、株式会社はどこへ行くのか[4]というような古くて新しい課題が一九九〇年代末ころから盛んに議論されてきたことにはっきりと示されている。だがいまのところまだ、この問いに対する十分な解答を得るにはいたっていないように思われる。

バーリーとミーンズの実証研究以来[5]、主に問われてきたのは「会社を支配しているのはだれか」であった。すなわち、大規模化した会社の実際の支配者を探すことであった。事実上、会社が株主支配であるのか、あるいは経営者支配になっているのかが、問題であった。その際、株主が会社の本来的な支配者であること、すなわち、会社は株主のものであるとの考えは前提とされていた。

いま問われているのは、その前提の妥当性である。したがって、これまでの議論よりもより本質的な問題が問われているのである。後に述べるが、会社は法人である。法人でない企業の財産（使用人を除く）は所有者のモノである。この所有者は、自身が所有する企業財産であるりんご（八百屋）や靴（靴屋）を自由に処分できる。

一方、会社は法人である。それゆえ、会社の出資持ち分所有者、株式会社の株主といえども、その会社財産の所有者ではない。八百屋や靴屋が会社であれば、すなわち法人化していれば、それらの株主たちは、勝手にりんごや靴を私用に供することができないのである。なぜならば、この場合のりんごや靴の所有者は、会社それ自体だからである。株主は、りんごや靴の所有者ではないのである。

以上のことは、法人としての会社の意義をいま一度、厳密に議論することの重要性を示唆している。会社を単純に株主のものであると考えることの軽率さを戒め、「法人としての会社とはなんだろうか」という問いを設定することが重要なのである。

一九九〇年代の後半以降、わが国でもM＆Aが活発に行なわれるようになっている。TOBの話題もしばしば紙面を賑わしており、会社の売買が日本社会で常態化したかのようである。単純化すれば、ウォール街の金満家が、常にコンピュータを脇に置き、株価が格安の会社を日夜探して買収をしかけ、首尾よく成功した暁には高値で財産を売り払うというのが、米国流M＆Aのシナリオである。そこにあるのは、会社をモノとみなす考え方であり、商品売買、すなわちモノの売り買いという行為である。(6)

わが国においてもこのような、会社をモノとみなす考え方が力を増してきているのは間違いない。二〇〇〇年代初めのライブドアや村上ファンドの台頭と失墜は、私たちに改めて会社とは何か考える機会を提供してくれている。わが国は確実に市場主義、拝金主義の荒波に飲まれつつある。市場主義の浸透は、法人資本主義とも呼ばれるわが国の安定的企業構造を大きく変化させる契機となり、本来の株主の顔がみえるようになった。それは、株主とは何か、会社は株主の利害を忠実に守るべく運営されるべきであるのかどうかという問題を浮かび上がらせ、コーポレート・ガバナンス（企業統治）論という形で、会社に対していわば無関心であったわれわれの意識を変化させつつある。[7] 日本の会社はいま、大きく変わりつつあるように思われる。日本社会の企業に対する価値観も、九〇年代後半以降大きく変化したように思われる。

そこで、本章では、九〇年代末から二〇〇〇年代初めころにおけるわが国大企業の経営機構に焦点を当て、経営機構の変化から読み取ることのできる範囲で、企業価値に対する認識の変化を検討しようと思う。限られた視角からではあるが、わが国の会社観が変容する姿を捉えようとしている。暫定的な結論としては、ヒトの絆としての会社観はいまだ健在である一方で、これとモノとしての会社観との理論的整理の必要性が課題として残されているということである。

（1）岩井克人『会社はこれからどうなるのか』平凡社、二〇〇三年。
（2）岩井克人・小林陽太郎・原丈人・糸井重里『会社はだれのものか』平凡社、二〇〇五年。
（3）ロナルド・ドーア『誰のための会社にするか』岩波書店、二〇〇六年。

（4）上村達男・金児昭『株式会社はどこへ行くのか』日本経済新聞出版社、二〇〇七年。

（5）Berle, A. A., Jr. and Means, G. C., *The Modern Corporation and Private Property* (New York: Macmillan, 1932).（北島忠男／訳『近代株式会社と私有財産』文雅堂書店、一九五八年）

（6）例えば、Danny DeVito 主演の映画 "Other People's Money"（1991）を参照のこと。この映画の中で、被買収会社である New England Wire & Cable Co. の会長役の Gregory Peck は、株主総会の場で、実社会では「殺人」と呼ばれる行為を金満家は「株主価値の最大化」というのだと、会社防衛の立場から株主たちに訴えている。DeVito と Peck の株主に対する呼びかけは、結果として前者に軍配が上がった。「株主価値の最大化」志向の現実を示した結果であろう。しかし、DeVito は、勝負に勝った後に会社を売り払わず、日本企業との新たな技術提携により復活、存続させる道を選ぶ。ここに会社をモノとみなす考えの過信に対する批判が示されている。このような観点からのストーリー性はこの映画よりもはるかに落ちるが、Richard Gear 主演の "Pretty Woman"（1990）にも精神の共通性がみてとれる。その背後には、一九八〇年代の拝金主義の反省があると思われる。

（7）二〇〇二年四月四日、日本経済新聞社と在日フランス商工会議所が「日仏コーポレートガバナンス・フォーラム」を開催した。そこでは、株主価値の最大化を基本理念とする米国流のガバナンスの影響をふまえて、日仏の経営者や学識経験者が意見交換をしている。経営機構改革については米国型が重要なモデルとされているが、企業は株主のものだとする米国流の価値観に対しては、「日本とフランスにはかなり異論がある」（論説委員　森一夫「フォーラムをふり返って　求められる自前の価値」『日本経済新聞』、二〇〇二年四月三〇日付）ことが示されている。もちろん、わが国においても米国型を推奨する論者も少なからず存在する。フォーラムの基調講演者の一人である宮内義彦（オリックス会長、当時）は、次のように主張している。「日本企業がバブル崩壊の痛手に苦しんだ一九九〇年代、勝ち組となったのは米国、英国、オーストラリアなどアングロサクソン系の企業だ。これらの企業が成功した一因は、株主の利益を最優先にする米国型の企業統治システムにある。……一方日本企業は、取引先や銀行など複数の利害関係者にとらわれた〝しがらみの経営〟を続けており、経営判断のスピードが遅く国際的な競争力に乏しい。株主にも配当で十分に報いず、投資家離れを招いた。市場に投資家を呼び戻すためにも、日本企業は米国型の企業統治を早急に取り入れる必要がある」（「日仏コーポレートガバナンス・フォーラム」『日本経済新聞』、二〇〇二年四月三〇日付）宮内の言葉通り二〇〇三年、オリックスは米国型の経営機構である委員会等設置会社を選択した。わが国におけるコーポレート・ガバナンス論の発端については、中村金夫「企業経営とコーポレート・ガヴァナンス」品川正治・牛尾治朗／編『日本企業のコーポレート・ガバナンスを問う』商事法務研究会、二〇〇〇年、三五三〜三五四頁を参照のこと。また、わが国の経営機構改革の動向および考え方については、次節以降で論じる。

フランスでは経営機構改革の特徴は、米国流の考え方とは異なり、一九九五年にまとめられた企業統治に関する報告書の観点に基づき、「企業そのものの長期的な発展」を重視して改革を進めている点にあるとされている。「米国型の企業統治が、『株主価値の最大化』を重視しているのに比較して、フランスにおける企業統治は、『株主価値のみならず、長期的な観点からの企業の成長や事業の継続性により重点をおいたガバナンスを指向している』といわれることが多い。こうした背景には、後で述べるように、企業統治の目的が中長期的に見た経済全体の成長や競争力向上に置かれていることとも関係があると思われる。……フランスの企業統治改革に向けた自主規制案を示したビエノ報告I……の取締役会の使命に関する部分では、『フランスを含めた欧州大陸の企業統治は、企業がもたらす社会的利益を重視している。企業の社会的価値とは法人、すなわち自立的な経済主体としての企業を超越する利益であり、具体的には、企業の発展や継続性を保障するという、企業を取り巻く利害関係者にとっての共通の一般利益のことである』と述べている」（成毛建介「フランスにおける企業統治の特徴と改革の動きについて」『海外事務所ワーキングペーパーシリーズ 2003-1』日本銀行パリ事務所、二〇〇三年四月、一二頁）

2　経営機構改革の波

機関とは

会社経営者（役員）の経営活動を、法律上、「業務執行」という[1]。そして、業務執行には「決定」と「実行」という二つの段階がある。一般に「経営機構」とは、業務の執行（上に示した「決定」および「実行」）を行ない、これらを「監督」する仕組みのことを指す。この経営機構の中核にあるのが会社法上の「機関（organ）」であり、一般に次のように説明される。すなわち、機関というのは法の技術（テクニック）である。会社は法人であるから、自ら意思を有し行為をすることはできない。そこで、一定の自然人または会議体のする意思決定や一定の自然人のする行為を会社の意思や行為とすることが必要になる。このような自然人または会議体を会社の「機関」と呼ぶ[2]。

会社は法人である。すなわち、会社は、法手続きによりつくられたヒトである。だが、ヒトだとされても、会社それ自体は自然人のようなヒトではなく、生きた生命体ではない。それゆえ、法律上のヒトとしての会社が実際にさまざまな活動をするためには、人間というヒトのように、頭や手足、神経系などの器官をもつことが不可欠である。法人である会社も、人間の場合の器官と同様に、機関なしには生存し活動することができないのである。

経営機構改革で問題となるのは、主に機関の改革である。特に大会社の機関は複雑に分化している。

経営機構――伝統的日本型と米国型

これまでの伝統的な日本の大企業の経営機構とアメリカ企業の経営機構を、それぞれ「伝統的日本型」、「米国型」と呼ぶならば、両者は対極に位置するだろう。後に示すが、わが国の輸送用機械産業企業に代表されるタイプAと、関東大手電気機器産業企業に代表されるタイプBはともに、この二つの型の間に位置しつつも米国型に向かっているという意味で、「準米国型」と呼ぶのがふさわしいようにみえる。だが、タイプAは「伝統的日本型」をベースとしており、タイプBは「米国型」をモデルにしているという点を考えれば、同じく「準米国型」と分類するべきではなく、前者は「新日本型」として区別して理解すべきであると思われる。以下では、この点をいま少し詳しく説明したい。

伝統的日本型と米国型を区分するメルクマールは、業務執行の「決定」と「実行」、ならびに業務執行の「監督」構造のありようにある。

伝統的日本型は、業務執行の決定と実行、ならびに監督が一体化していることを特徴としている。業務執行の決定と実行の一体化とは、実行機能を担うべき代表取締役に加え、ほぼすべての取締役が実行機能を担っていることである。そして、これら取締役たちは、取締役会構成員の任務として、自らの業務執行を自ら監督する。二〇〇〇年ころ以前のわが国大企業の取締役会には社外取締役がほとんどいないので、同一のメンバーが業務執行の決定、実行、および監督を行なう構造となっているのである。第二の特徴は、すでに指摘したように、取締役会の構成員に外部者がほとんどいないこと、すなわち、社外取締役がほとんど存在しないことにある。

一方、米国型はこの対極にある。業務執行の決定および監督機能と実行機能が明確に分離されており、社外取締役の役割が非常に大きいことを特徴とする。抽象的に考えれば、両機能の分離は社外取締役の導入を必然化するものではない。例えば、決定および監督機関（取締役会）のもとに実行機関（代表取締役）を置き、社内取締役間での任務分担をすればよいようにも思われる。だが、社外取締役のいない会社組織内において、社内取締役は常勤の役員である以上、組織ヒエラルキーのどこかに位置づけられ業務執行の実行機能を担わざるを得ず、組織権限関係において、必ず代表取締役の指揮下にあって業務執行を実行しなければならない。つまり、取締役会において同等の権限をもつはずの取締役の間に、上下関係が生まれるということである。このような構造のもとでは、社内取締役は自らの判断に基づいて意思決定を行なうこと、そしてまた経営業務執行の実行を監督することが制約されざるを得ない。それゆえ、取締役が本来の決定および監督機能を担うためには、社外取締役を置かざるを得ないのである。

経営機構改革の波

一九九七年五月、ソニーが経営機構改革を行なうとの新聞報道があった。そこでは、「取締役三十八人から十人に」「意思決定迅速に」などの見出しで、次のように解説されていた。

ソニーは二二日、米国流のコーポレートガバナンス（企業統治）を取り入れた経営の機構改革を発表した。六月二七日付で商法上の取締役を、社外三人を含む十人と現在の約四分の一に削減。この十人が経営戦略決定と事業部門の監視に全責任を持つ体制に切り替える。事業部門の責任者は取締役をはずれ、執行役員という肩書に変わる。ソニーの新制度は日本の大企業で「戦略立案」と「事業執行」を役割分担し、取締役会にはっきりした経営チェック機能をもたせる初の試みとなる。(3)

取締役の員数を大幅に削減して「執行役員」(4)制を導入することにより決定と実行の機能を分離すること、そして、取締役会を活性化して意思決定を迅速にすることが、機構改革の主たる目的であった。また、新聞報道では「取締役会、米国型へ転換」とされ、米GE（ゼネラル・エレクトリック）社との経営組織の対照図が示された。(5)その図によれば、ソニーの経営組織は、大賀会長と出井社長を含む取締役一〇人（三人は社外取締役）に加えて、執行役員三四人からなる。一方、GEの取締役はジャック・ウエルチ会長を含む一五人（内、社外取締役一一人）、これに執行役員一二〇人が示されている。

新聞には「米国型へ転換」と示されているけれども、GEとソニーの経営組織の社外取締役の比率には大きな違いがある。GEの社外取締役比率は一五分の一一で七三％であるのに対して、ソニーは一〇分の三で三〇％にすぎない。日本の典型的な大企業と比べればソニーの社外取締役比率三〇％という数字はかなり大きいけれど、「米国型」とまではいえないだろう。当時のソニー社長、故出井伸之は、「ソニーの経営内容を深く理解している人物の方が望ましい」、「日本の実情に合っている」と社内取締役重視の考えを述べていた。[6] 当時の日本企業の価値観がはっきりと示されていたのである。

さて、ソニーの改革を契機に、わが国では一九九〇年代末から、経営機構改革、とりわけ取締役の員数の削減と「執行役員」制度の導入が急速に進んだ。

ソニー改革のわずか三年後の二〇〇一年六月に『日本経済新聞』が行なった調査によれば（東証第一部上場企業七四〇社からの回答）[7]、一社当たり取締役の人数は、一九九六年の一八人から、二〇〇一年の一三人に減少した（約二八％減少）。執行役員制度については、「導入済」と答えた企業が三五・七％、「検討中」が一四・一％というように急増している。日本監査役協会の調べでは、二〇二〇年一二月現在、監査役（会）設置会社のうち上場会社の取締役は平均で八人、八〇％の企業が執行役員制度を導入している。[8]

このように、執行役員制度の急速な普及はコーポレート・ガバナンス（企業統治）改革の象徴の一つであり、取締役の員数削減と業務執行の実行部隊の明確化が進んだことは間違いない。

しかしながら、経営機構改革の方向性についてみれば、いまなお模索段階にあるように思われる。少なくとも、方向性がはっきりとしているとはみなしえない。その理由の一つは、理念型としての「米国型」経営機構の評価に揺れがあることであり、もう一つは、従来わが国企業においてはなじみの薄かった「社外取締役」による監督の有効性についての評価が定まっていないからであろう。

（1）会社法上の「役員」は、取締役、会計参与、監査役からなり（会社法、第三二九条）、これに加えて執行役、会計監査人を合わせて、「役員等」と呼ぶ（会社法、第四二三条）。経営者は法律上の概念ではないが、一般的にいえば経営活動（業務執行）の決定・執行・監督を行なう権限をもつ人たちのことである。

（2）神田秀樹『会社法入門』岩波書店、二〇〇六年、五〇頁。『広辞苑』（第四版）によれば、「機関」の意味の一つとして、「法人や団体などが意思を決定したり、実行したりするために設けた組織」をあげ、また、「器官」とは、「生物体を構成し、一定の形態と生理作用とを営むものの総称。……機関」であると説明している。

（3）『日本経済新聞』、一九九七年五月二三日付。また、『日経産業新聞』、同日付も参照のこと。

（4）「執行役員」と「執行役」は、名称がよく似ていてまぎらわしいけれども、まったく異なる概念であることに留意しておかなければならない。前者の法律的位置づけは明確ではなく、名称の使用実態をみれば、一般にいう経営者相当の場合（使用者）もあればそうでない場合（使用人）もある。一九九七年に最初にこの制度を導入したソニーの事例から判断すれば、「執行役員」は、指名委員会等設置会社でない一般的な大企業において、代表取締役等の指揮下で業務執行の一部を担当する上級従業員（使用人）のことである。それは、従来は取締役とされていた人びと（いわゆる使用人兼務取締役）を執行役員に変更したことからも明らかである。しかし、用語の使用法が混乱し、取締役の肩書をもちつつ執行役員と呼ぶ例が増加している。注意しなければならないことは、「代表取締役執行役員」の肩書をもつA社長は、執行役員の立場では経営業務執行（決定、実行、および監督）を行なう法的権限を与えられておらず、代表取締役として業務を執行しているということである。取締役である執行役員（使用者）と取締役ではない執行役員（使用人）とを明確に区別して理解する必要がある。

一方、「執行役」は会社機関であり、指名委員会等設置会社において経営の業務執行を担う（決定ではなく、実行の担い手である）。執行役員の法律的位置づけをめぐる議論については、本節注（6）に挙げた文献を参照のこと。

（5）『日本経済新聞』、一九九七年五月二三日付。

（6）同前。機構改革時にソニー副会長であった故橋本綱夫も「社外取締役の員数については今後五～六名程度にまで増員することを検討しているが、米国のように取締役の過半数を社外取締役とすることまでは考えていない」と述べている（橋本綱夫「グループ経営のためのソニーの機構改革」『別冊商事法務　No. 214　執行役員制の実施事例』商事法務研究会、一九九八年、三頁）。また、西村茂「ソニーグループの経営機構改革」、同前、四～一四頁も参照のこと。なお、現在のソニー（現、ソニーグループ株式会社）は指名委員会等設置会社であり、取締役一〇人中八人が社外取締役となっている（二〇二三年六月二三日現在）。

（7）『日本経済新聞』、二〇〇一年六月二七日付。

(8)「役員等の構成の変化などに関する 第21回インターネット・アンケート集計結果 監査役(会)設置会社版」日本監査役協会、二〇二一年五月一七日。

3 米国型の経営機構

指名委員会等設置会社

この会社形態は、二〇〇二年の商法改正によって認められた会社の機関設計のひとつで、いわゆる「米国型」経営機構にほぼ相当するものである。従来の監査役(会)に替えて取締役会の中に三つの委員会等を置くので、導入当初は委員会等設置会社と呼ばれた(1)。

周知のように、三つの委員会とは、「監査委員会」、「指名委員会」、「報酬委員会」である。監査委員会の任務は、取締役と執行役の業務執行を監査し、会計監査人の選任議案の内容などを決定することである。指名委員会は、取締役の選任、解任の議案内容などを決定する。そして、報酬委員会は、取締役および執行役の個人別報酬内容などを決定する。

指名委員会等設置会社において、取締役は業務執行の実行を行なうことができない。それゆえ、実行部隊として「執行役」という会社機関を設置しなければならない(2)。監査委員会委員以外の取締役は執行役を兼務することができるが、監査委員会委員である取締役は、執行役を兼務することができない。決定・監督と実行を分離するためである。執行役の役割は、伝統的な監査役（会）設置会社の代表取締役および業務担当取締役が行なっていた役割に相当する。しかし、代表取締役や業務担当取締役という名称は、彼らが業務執行の「実行」を担当する者であるという本来の役割を理解するのが難しく、取締役という名称のゆえに、取締役会のリーダー（代表あるいはそれに準じる者）であるとの印象を与え（事実、実行部隊のリーダーなのだが）、取締役会の本来的役割が業務執行の決定・監督機関であることを曖昧にしていた。

執行役という名称は、業務執行の決定ではなく実行を行なう者の存在を明示している。それゆえ、これまでのように「代表取締役社長」、「代表取締役副社長」ではなく、「取締役、代表執行役社長」、「代表執行役　執行役社長兼取締役」、「取締役（代表執行役）」などの役名が用いられるようになっている。取締役は一層、すなわち階層がないということ（決定・監督をする人々）、そして執行役は取締役会のリーダーではなく経営業務執行の実行部隊であることをはっきりと示しているのである。

さらに、指名委員会等設置会社の特徴は、社外取締役の役割を重視することにある。すなわち、三つの委員会はそれぞれ、社外取締役が過半数とならねばならない。各委員会は三人以上の取締役で構成しなければならないが、委員は重複してもよい。それゆえ、社外取締役は二人以上となっている。わが国の社外取締役の導入状況について、ある商法学者は次のように述べている。

社外取締役（outside director）は、経営トップの独走を防ぐための取締役会強化策として、アメリカが導入の先鞭をつけ、ガバナンス意識の高揚に伴いヨーロッパ諸国に広まった。日本の大企業ではほとんどの取締役が従業員出身であり、取締役会が社長の独走を抑える体制になっていないと批判されると、当初、日本には独特の監査役制度があると応じていた。不祥事の度ごとに監査役制度の強化で対応を図り、その一環として社外監査役が導入された。終身雇用制の下で、取締役に昇進する期待が従業員の勤労意欲を支えたこと、および企業内の経験に基づく情報を持たない者に対する不信から、社外取締役の制度化には少なからぬ抵抗があった。監査役制度の強化を重ねてもなお不祥事は止まらず、また、いわゆるグローバル・スタンダード重視の風潮が強まったこともあり、二〇〇一年一二月および二〇〇二年の改正で日本も社外取締役に関する規定を設けた／二〇一四年改正は、ガバナンスの実効性強化の方向を推し進め、開示規制によって社外取締役の設置を強く促進する措置を講じた。なじみ型（大会社／監査役会設置会社―引用者）で株式についての有価証券報告書提出会社である会社が事業年度末日に社外取締役をおいていない場合には、取締役は、「社外取締役を置くことが相当でない理由」を、当該事業年度に関する定時株主総会で説明しなければならない。[3]

A社の事例

伝統的な日本型経営機構から指名委員会等設置会社（当時の名称は、委員会等設置会社）に移行したA社の場合をみてみよう。次の図表に示したように、二〇〇三年六月までは、社外取締役は一人のみであった。しかも、この社外取締役は、A社が属する企業集団の社長会メンバー会社の長老重役であった。一九九〇年代末ころから、取締役の員数は大きな減少を示している。もう少しくわしくみると、使用人兼務取締役および常務（業務担当）取締役が大幅に減少していることがわかる。

この会社は、二〇〇三年六月に指名委員会等設置会社を選択しているので、その後しばらくの変化を見ておこう。二〇〇四年以降、取締役の員数は一二人であり、経営機構に変化のなかった一九九〇年代の三〇数人と比べると、かなり少なくなっている。次頁の図表には示していないが、二〇一二年までは業務執行の実行を担う非取締役の執行役は二〇人弱おり、この数字はかつての常務取締役と使用人兼務取締役の合計数に近い。また、社外取締役の割合は大幅に増加しており、会社での位置づけは以前とは完全に異なっている。

一九九〇年代末までのA社は、明らかに典型的な伝統的日本型の会社であった。大きな取締役会、実行部隊としての使用人兼務取締役を内包化し、社外取締役がほとんどいない、という特徴をもっていた。しかしながら、既述のように二〇〇三年六月に指名委員会等設置会社を選択し、米国型を志向する準米国型会社となった。すなわち、小さな取締役会、決定と実行の役割分化（執行役の設置）、社外取締役の重視へと大幅な制度改革を行なったのである[4]。

米国型の選択状況

A社の事例を示したが、米国型の経営機構を志向するこのような機関設計を採用するものの割合は、おおかたの予測に反してこの会社形態が導入されて数年たっても非常に少なかった。以下に示すように、二〇〇七年八月時点で、東証第一部上場企業中のわずか五三社（約三％）のみである。その中で、電気機器産業に比較的多くあり（五三社

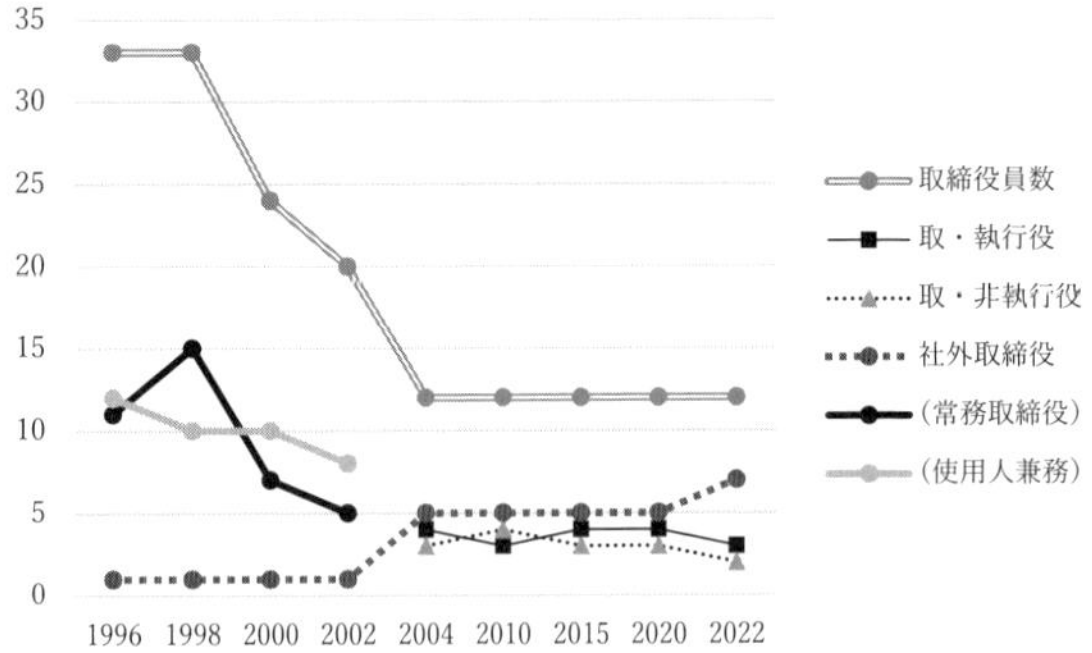

図表3－1　取締役（社外取締役）、執行役等の人数推移

（出所）A社営業報告書等（各年度）より作成。

中一二社、約二三%）、輸送用機械産業にはまったく存在しない。いわゆる「日本型経営」を代表する二つの産業での好対照の理由を検討すべきであると思われるが、ここではこの点に触れることができない。

さて、一九九〇年代末から二〇〇〇年代初めの一〇年間、経営機構改革の波は日本経済に大きなインパクトを与えた[5]。つまり、執行役員制度の普及に示されるように、取締役会の活性化に向けた取り組みは確実に進み、わが国を代表する大企業において取締役会の活性化を意識的に目指さぬところはほとんど存在しなくなった。だが他方、米国型の経営機構を選択する企業が増加する気配もまったくなかった。ソニー改革の一〇年後、東証第一部上場企業における委員会設置会社（旧名称、委員会等設置会社）の選択状況は、次のようになっている[6]。

【委員会設置会社の選択状況（二〇〇七年八月）】

〈全産業〉（一七二六社）

- 「監査役設置会社」（一六七三社、九六・九三%）
- 「委員会設置会社」（五三社、三・〇七%）

〈電気機器産業〉（一六五社）

- 「監査役設置会社」（一五三社、九二・七三%）

・「委員会設置会社」（一二社、七・二七％）
〈輸送用機械産業〉（六三社）
・「監査役設置会社」（六三社、一〇〇％）
・「委員会設置会社」（〇社、〇％）

全五三社中一六社は、日立製作所の子会社等であり、独立性（自らの意思での選択）の有無が判定できないため除外し、残りの三七社中での大まかな産業分布は、次のとおりである。電気機器八社。銀行、証券・商品先物、各五社。医薬品四社。小売三社。不動産、卸売、各二社。その他、各一社。

ロナルド・ドーアは、これらの委員会設置会社のタイプを分類したうえで、米国型の経営機構の選択が日本において主流にはなりそうにない、と明確に結論づけている。[7] ドーアの分類を基に、筆者なりにこれらの会社のタイプを分類すれば、およそ次のようになるだろう。

(1)「主義としての米国型支持」（HOYA、オリックス）
(2)「アメリカ市場依存度の高い関東の電機大手」（日立、東芝、三菱、ソニー、船井電機[8]）
(3)「外資系」（西友：ウォルマート[9]、新生銀行）

（4）その他

（1）二〇〇二年の商法改正では「委員会等設置会社」と呼ばれていた。その理由は、この会社では、三つの「委員会」に加えて「執行役」という業務執行の実行機関を設置しているからである。しかし、二〇〇五年の会社法では「等」という言葉がとれ、「委員会設置会社」となった。さらにその後、二〇一四年の会社法改正によって「指名委員会等設置会社」に改められた。これらの内容に変更はない。

（2）取締役を兼任する執行役は、取締役としてではなく執行役として業務執行の実行を行なっているのであって、取締役としては取締役会の一員として業務執行の決定と監督を行なうのである。

（3）龍田節・前田雅弘『会社法大要〔第2版〕』有斐閣、二〇一七年、七四頁。

（4）二〇二一年七月二八日時点でのA社の取締役は一一人（執行役兼務者三人）、そのうち社人取締役は五人であり、会社の機関設計を変更して以降、取締役会の構成はほとんど変化していない。二〇二一年六月の株主総会までは、取締役が一二人、執行役兼務取締役は四人であったが、その後同社の不祥事に関して、社長が引責辞任するという事態が発生したことにより一人減員となった。二〇二三年六月二九日現在、取締役一二人、社外取締役は七人である。また、執行役の員数を削減して、二〇二二年四月より「上席執行役員」を任命している。

（5）そのことを象徴しているのが、二〇〇五年六月に成立し、翌二〇〇六年五月に施行された会社法である。

(6)「東京証券取引所　コーポレート情報サービス」(東京証券取引所ホームページ)より作成。

(7) ロナルド・ドーア『誰のための会社にするか』岩波書店、二〇〇六年、八八〜九一頁。

(8) ウォルマートと関係の深かった船井電機は二〇一〇年、委員会設置会社から監査役会設置会社に変更した。その後、監査等委員会設置会社へと移行している。同社はその理由を、次のように説明している。「当社は二〇〇二年に機動的な意思決定と迅速な業務執行体制の確立を図るため、執行役員制度を導入し、さらに、二〇〇五年六月に経営の監督と執行の分離を進めるため委員会設置会社に移行しました。しかし、当社の将来の経営を担える社内経営者を育成し、経営体制の強化を図ることを目的に、二〇一〇年六月二二日開催の第五八期定時株主総会において監査役会設置会社に再移行しました。さらに二〇一五年五月、監査等委員会設置会社に移行しました」(「監査等委員会設置会社への移行及び定款の一部変更に関するお知らせ」、船井電機プレスリリース、二〇一五年五月一一日)。なお、船井電機は経営悪化に伴い、二〇二一年八月に上場廃止となり、二〇二三年三月から「船井電機・ホールディングス株式会社」の完全子会社となっている。

(9) 米国に本社を置く総合小売大企業のウォルマート(Walmart Inc.)は二〇〇二年、総合スーパー「西友」への資本参加によって日本に進出して大きな話題を呼んだ。世界大企業ランキング(Fortune 500)で売上高第一位が指定席の大企業の進出だからである。その後二〇〇八年に西友を完全子会社にして米国流経営の浸透を図ってきた。しかし、長年続いた業績不振を改善できず、二〇二〇年一一月には株式の大半を売却すると発表した。二〇二一年三月以降は、西友株の一五％を所有すると報じられている。現在、ウォルマートの会社名はWalmartに変更されているが、二〇一八年までは創業者であるサム・ウォルトン（Samuel M. Walton）の店（Wal-Mart）という意味が込められた社名であった。わが国において人気が高く成長著しいコストコ（Costco）の競争相手であり、一九八三年に設立された会員制卸小売業態の「サムズ・クラブ」（Sam's Club）も、サム・ウォルトンの名にちなんでつけられた名称である。

4　機構改革と経営理念

新日本型経営機構

日本型経営の東横綱とでもいうべき産業でありながら、指名委員会等設置会社を選択しない輸送用機械産業の代表にトヨタ自動車がある。次頁の図表に明らかなように、トヨタの経営機構は二〇〇三年六月末以前には典型的な伝統的日本型であった。取締役会の員数は五八人と多く、使用人兼務取締役が二六人も含まれていた。新体制の下では取締役会構成員を専務取締役以上とし、取締役の数は約半減した（二〇〇七年八月現在、三〇人）。新たな体制のもとでは、代表取締役等の指揮下で経営業務執行の実行機能を担う者は取締役ではなく、「常務役員」と呼ばれる。これは、いわゆる「執行役員」のトヨタ流呼称である。

取締役の員数が半減したとはいえ三〇人なので、かなり多い。同社の説明では、専務取締役を生産や販売など各部門の最高責任者、すなわち「執行責任者」と位置づけ、取締役会（決定）と実行部門をつなぐ役割を担わせたからである。このことは、取締役が依然、業務執行の実行機能を担うということを意味するように思われるが、実行部隊の大半は非取締役とし、実行部隊の責任者（専務取締役）だけを取締役として残しており、実行の中心部隊（常務役員）を取締役会とは明確に区別している点で、従来の伝統的日本型とは区別される。取締役の員数を大幅に削減し、取締役会の機能が業務執行の決定・監督を行なうことであることを明確にしている点で、トヨタの機構改革も米国型の影響を受けている。

しかし他方で、明らかに同社は伝統的な日本型の考えを踏襲している。実行部隊の責任者（専務取締役）を取締役に残したのは、「現場意見の全社経営戦略への反映や、経営意思決定事項のオペレーションへの迅速な展開を通じて、現場に直結した意思決定をする」、すなわち「現場重

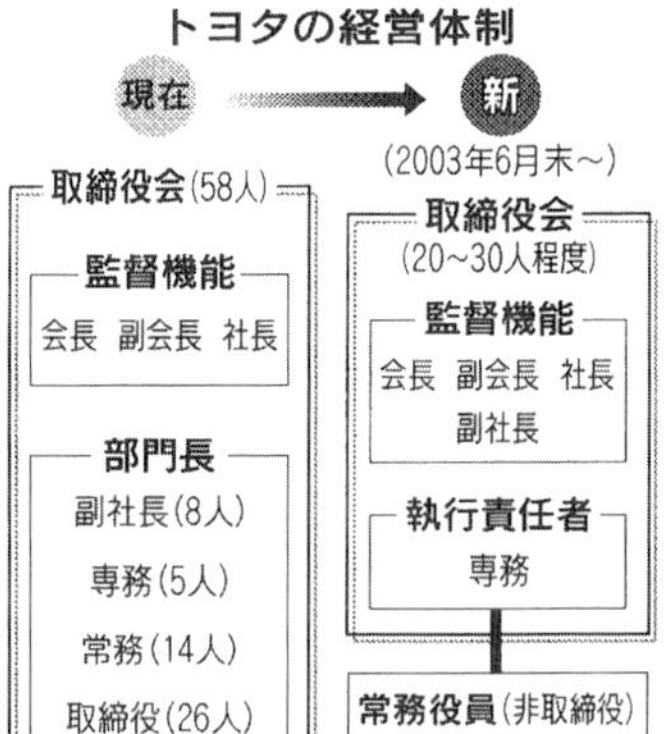

図表3－2　トヨタ自動車の経営機構改革

（出所）「執行役員制『トヨタ流』、スピード経営へ取締役半減」『日本経済新聞朝刊』、2003年３月29日付。

視」の考え方を強みとするトヨタからすれば、当然のことであろう。[1]社外取締役には以上のこと、すなわち「現場に直結した意思決定」が期待できないとの判断からである。同社は決定と実行を分離することを前提に、決定における伝統的日本型を踏襲しており、「米国型」とは一線を画す思想をはっきりと示している。その意味で、このような考え方が日本企業のモデルになりうるかどうかはわからないが、少なくとも「新日本型」の経営思想を示しているのは間違いない。すなわち、「米国企業では、取締役会の半数以上を社外取締役が占め、経営の監督と業務の執行を完全分離する手法が主流だが、トヨタは日々変わる現場の実態から離れた意思決定に取締役が陥るのを避けるため、従来型と米国型の折衷的な仕組みを導入」[2]したのである。

トヨタは米国型とは一線を画し、社外取締役がいない企業の象徴であったが、二〇一三年六月の株主総会において初めて、社外取締役の導入を決定している。[3]

米国型の影響

すでに述べたように、一九九〇年代末からの一〇年間で、日本企業の経営機構は大きく変化した。その変化を一言で表せば、伝統的な「日本型」の終焉である。指名委員会等設置会社の選択は少数派にすぎないが、執行役員制度の普及にみられるように、使用人兼務取締役の削減を中心とした取締役会の員数の大幅削減により、経営業務執行の決定と実行の両機能を分化し、意思決定を迅速化するという考え方は、確実に定着したように思われる。意思決定の迅速化と合理化の要請は、経営活動のグローバリゼーションの反映であり、経営機構改革の実践は同時に、米国型経営理念の浸透を意味している。しかし、伝統的日本型の終焉が確かであるのは間違いないが、米国型がこれに取り替わったともいえる状況にはない。経営機構改革の行く手は、まだはっきりとしない。それは、米国型の経営機構の背後にある経営理念に対する信頼が確かなものではないからであろう。

米国型経営理念の影響は、取締役の役割の見直しに示されている。取締役会の重要な機能は、経営方針等の決定と監督を行なうことであるが、わが国においては伝統的に、根本的な欠陥があった。使用人兼務取締役の存在である。使用人は会社と契約関係にある会社それ自体の外部者であり、取締役は会社と委任関係にある会社それ自体の機関構成員である。取締役は会社と一体的な関係にある。先に述べたように、取締役は、法的手続きにより作られた法人としての会社が自然人のように活動できるための不可欠の機関のひとつなのである。使用人兼務取締役の存在は、使用人と会社、取締役と会社との関係の差異を曖昧にし、経営業務執行の権限のない者を内部化して取締役会を肥大化させてきた。この層を取締役会から排除するのは当然であり、そうすることによって彼らに代表取締役の指揮下で業務執行の実行業務のみを担わせることを多くの企業が選択したことは、大きな改善であると思われる。

わが国ではこれまで一般に、取締役会は業務執行の決定・監督機関であるとともに実行機関であるとも観念され、またそのように運営されてきた。しかしながら、取締役会の員数削減は、取締役会が業務執行の実行機関ではなく、決定・監督機関であるとの認識が進んだことを意味するからである。その結果、わが国大企業の監査役会設置会社であれば、実行機関は代表取締役を含む業務執行取締役であり、彼らの指揮命令下で働く執行役員などを中心に業務執行が実行される。また、指名委員会等設置会社であれば、実行機関は代表執行役を含む執行役であり、彼らの指揮命令下に業務執行が実行されるのである。今や、業務執行の決定と実行の担い手は分化した、といってもよいであろう。

取締役会のスリム化は取締役会の本来的機能回復への道をつけたとはいえ、その実現は簡単ではない。なぜならば、取締役会の機能には業務執行の決定に加え、監督機能があるからである。取締役会は業務執行の実行が適正に行なわれるように、業務執行取締役（監査役（会）設置会社）や執行役（指名委員会等設置会社）の活動を監督しなければならない。取締役会が業務執行の実行機関でもあると位置づけられてきた伝統的な日本型の取締役会は、監督機能に大きな欠陥を持っていた。自己監督とでもいうべき状態にあったからである。それゆえ、指名委員会等設置会社における社外取締役選任の義務化は、監督機能強化という点で制度的な前進である。

しかし、会社の常勤でない社外取締役が監督機能を担うということは、彼らが必然的に業務執行の決定機能を担うことをも意味する。それゆえ、社外取締役の位置づけを巡って、議論がわかれるのである。指名委員会等設置会社においても、経営の基本方針は執行役に任すことはできず、必ず取締役会で決めねばならない。もし仮に、取締役会で社外取締役が過半数を占めた場合（指名委員会等設置会社にはそのような事例が多いが）、会社の業務執行を熟知していない取締役が経営の基本方針の決定に大きな影響力を持つ可能性が高くなる。果たして、このような事態が会社にとって良いことなのか、この点の評価で考え方がわかれるのである。

社外取締役の増加

監査役（会）設置会社においても社外取締役数はかなりふえてきている。推移を簡単にみておこう。指名委員会等設置会社が認められてほぼ一〇年後の二〇一二年、東証一部上場企業は一六八〇社（監査役（会）設置会社一六三八社、指名委員会等設置会社（委員会設置会社）四二社）あり、一人も社外取締役がいない会社は七四八社で約四五％を占めていた。一人いる会社が四五四社、二人の会社が二五四社あり、社外取締役が二人以下の会社は一四五六社で全体の約八七％であった。[4] さらに一〇年後の数字は、次のようになっている。[5]

東証一部上場企業は二一八九社（監査役（会）設置会社一三七一社、指名委員会等設置会社

六九社、監査等委員会設置会社七四九社）あり、一人も社外取締役がいない会社は一社のみである。一人いる会社が三一社、二人の会社が五八五社あり、社外取締役が二人以下の会社は六一七社で全体の約二八％である。三人の会社が七五三社あるのでこれを含めれば、社外取締役が三人以下の会社は一三七〇社となり、全体の約六三％を占めている。この状況を監査役（会）設置会社一三七一社に絞ってさらにみると、次のようになる。一人も社外取締役がいない会社は一社、一人いる会社が二八社、二人の会社が四六〇社あり、社外取締役が二人以下の会社は四八九社で全体の約三六％である。三人の会社が四六四社あるのでこれを含めれば、社外取締役が三人以下の会社は九五三社となり、全体の約七〇％を占めている。

二〇一二年と二〇二一年の数字を比べると、社外取締役の数と割合が大幅に増加していることがわかる。その背景には、米国型のコーポレート・ガバナンスの理念の浸透があるのは間違いないとしても、直接的には、二〇一五年に「コーポレートガバナンス・コード」[6]が東京証券取引所によって定められたことによると思われる。そこでは次に示すように、社外取締役を二人以上選任すべきであると記されており、一人も社外取締役のいない会社および一人の会社が激減した理由をはっきりと読み取ることができる。

【原則4－8．独立社外取締役の有効な活用】

独立社外取締役は会社の持続的な成長と中長期的な企業価値の向上に寄与するように役割・責務を果たすべきであり、上場会社はそのような資質を十分に備えた独立社外取締役を少なくとも2名以上選任すべきである。

また、業種・規模・事業特性・機関設計・会社をとりまく環境等を総合的に勘案して、自主的な判断により、少なくとも3分の1以上の独立社外取締役を選任することが必要と考える上場会社は、上記にかかわらず、そのための取組み方針を開示すべきである。(7)

さらに二〇二一年六月、「コーポレートガバナンス・コード」は改訂され、次のように一段と厳しくなっている。

【原則4－8．独立社外取締役の有効な活用】

独立社外取締役は会社の持続的な成長と中長期的な企業価値の向上に寄与するように役割・責務を果たすべきであり、プライム市場上場会社はそのような資質を十分に備えた独立社外取締役を少なくとも3分の1（その他の市場の上場会社においては2名）以上選任すべきである。

また、上記にかかわらず、業種・規模・事業特性・機関設計・会社をとりまく環境等を総合的に勘案して、過半数の独立社外取締役を選任することが必要と考えるプライム市場上場会社（その他の市場の上場会社においては少なくとも3分の1以上の独立社外取締役を選任することが必要と考える上場会社）は、十分な人数の独立社外取締役を選任すべきである。(8)

以上述べてきたように、社外取締役の比重は大きくなってきているが、全体的にみれば、社外取締役が重要な影響力をもつまでには至っていないといえよう。(9)

他方、指名委員会等設置会社について二〇〇七年八月時点の数字を示すと、わが国における社外取締役の状況は次のようになっていた。指名委員会等設置会社三七社の取締役員数は合計三六七人、そのうち社外取締役は一八九人である。(10)取締役総数に占める社外取締役総数の比率は過半数の五一・五%、社外取締役が取締役会の過半数を占める会社は三七社中の一七社であり、そのうちの一三社では次のように社外取締役の比率が六割を超えている。エーザイ（一一人中七人）、エステー（八人中五人）、旭テック（一一人中七人）、ソニー（一四人中一一人）、コロムビアミュージックエンタテインメント（七人中五人）、スミダコーポレーション（一一人中七人）、船井電機（一一人中七人）、HOYA（八人中五人）、西友（一一人中九人）、新生銀行（一四人中一一人）、りそなホールディングス（一〇人中七人）、カブドットコム証券（七人中六人）、富士火災海上保険（一二人中八人）となっている。

社外取締役が取締役会の過半数を占める会社は、全体の約四六％である。この比率が多いのか少ないのかの判断は難しいが、指名委員会等設置会社が比較的多い電気機器産業についてみれば、ソニーや船井電機の社外取締役の比率は高いが（それぞれ、一四人中一一人、一一人中七人）、日立製作所（一三人中五人）、東芝（一四人中四人）、三菱電機（一二人中五人）の比率は相対的に低く、対照的である。

先に示したように二〇二一年八月現在、東証第一部上場会社のうちで指名委員会等設置会社は六九社、親会社をもたないものが六二社ある。この六二社についてみれば、取締役総数六三六人中三八四人（六〇・三八％）が社外取締役である。一社あたりの取締役は一〇・二六人、社外取締役六・一九人となっている。先にとりあげた日本を代表する電気機器産業企業について概観すれば、社外取締役の比率が過半に満たない三菱電機の例（一一人中五人）[11]を除いて総じて高く、ソニーグループが一一人中八人、日立製作所一三人中一〇人、東芝一一人中一〇人となっている。この傾向は、指名委員会等設置会社の本来の姿になりつつあるということであろう。

(1) トヨタ自動車「コーポレートガバナンスの状況」『有価証券報告書』、二〇〇七年。
(2) 『日本経済新聞』、二〇〇三年三月二九日付。
(3) 二〇二三年六月一四日現在、トヨタ自動車の取締役は一〇人、内四人が社外取締役である。
(4) 「東京証券取引所　コーポレート情報サービス」(東京証券取引所ホームページ)、二〇一二年一〇月一五日閲覧。
(5) 同前、二〇二一年八月七日閲覧。東京証券取引所は二〇二二年四月四日、従来の四つの市場区分(市場第一部、市場第二部、マザーズおよびJASDAQ(スタンダード・グロース))を見直し、「プライム市場、スタンダード市場、グロース市場」の三つに市場を区分した。もっとも基準が厳しく、これまでの第一部の上場基準にほぼ相当するプライム市場には、外国会社一社を含む一八三八社が上場している(二〇二二年七月一五日現在)。詳しくは、日本証券取引所グループ「市場区分見直しの概要」(日本証券取引所グループ・ホームページ、二〇二二年七月二四日閲覧)を参照のこと。
(6) 「コーポレートガバナンス・コード ～会社の持続的な成長と中長期的な企業価値の向上のために～」東京証券取引所、二〇一五年六月一一日。
(7) 同前、一八～一九頁。
(8) 「コーポレートガバナンス・コード ～会社の持続的な成長と中長期的な企業価値の向上のために～」東京証券取引所、二〇二一年六月一一日、一八頁。
(9) 二〇二〇年八月一四日時点の調査によれば、東京証券取引所第一部上場企業の三分の二を占める監査役会設置会社では、取締役の平均人数が七・六七人、社外取締役の平均人数は二・二九人

（内、独立社外取締役は二・〇三人）となっている（東京証券取引所『東証上場会社　コーポレート・ガバナンス白書　二〇二一』、二〇二一年三月）。

（10）すでに述べたように、他社の子会社等の一六社を加えれば、指名委員会等設置会社は五三社である。

（11）前節で述べたA社（三菱電機）は、二〇二二年六月に社外取締役を増員し、取締役一二人中、過半数の七人とした（二〇二三年六月二九日現在も、同様）。同社については、長期にわたる品質不正問題が報じられており、二〇二一年七月には執行役社長が辞任している。この点については、次を参照のこと。三菱電機株式会社「再発防止策の方針」（二〇二一年一二月二三日時点）、「品質不適切行為についての調査状況　当社における品質不適切行為に関する原因究明及び再発防止等について（第3報）」（二〇二二年五月二五日）社外取締役の増員は、同事件の調査委員会の提言に基づく再発防止策の一環（ガバナンス改革）であろう。

5　経営理念をめぐって

取締役は事業に詳しくないのは当然で、その必要もありません。大事なのは、経営がうまく行っているかを察知し、場合によってはマネジメントメンバーの入れ替えを実行することです。何かまずいことが起きているかどうかは、業績や株価パフォーマンスを見れば一目瞭然で、容易な作業です。自動車やテレビの作り方を熟知しても意味はありません。[1]

この引用に示された言葉が本心ならば、あまりにも無責任で働く人びとを軽視した考え方である。極論とはいえ多かれ少なかれこのような考え方は米国流のステレオタイプであり、現状ではわが国の伝統的な思考には馴染みにくいように思われる。現場軽視、計数偏重の思考方法、すなわちヒトの活動の場である現場を熟知することを軽視し、業績や株価のパフォーマンス（数字）をみていれば経営はうまく行くとの考え方である。すでに述べたように、ソニーの経営機構改革時、当時の出井社長は「日本の実情」を重視していた。その後一〇年が経過して、ソニーが「日本の実情」が変化したと考えたのか否かは不明だが、機構的には米国型に転換した。しかし他方、日本の多くの大企業は、米国型への転換に踏みきるのを躊躇しているようにみえる。指名委員会等設置会社の選択状況に示されているように。[2] わが国企業は米国型を見据えながらも、なぜ米国型を選択しないのであろうか。

この問題を解くカギは、「長期安定的な企業価値の向上」「長期安定的な成長」[3] という言葉に象徴的に示される、日本型経営の基本理念の存在にあるように思われる。ある新聞の社説は、トヨタ自動車とキヤノンという二つの超優良企業を、範とすべき「新日本型経営」として挙げている。曰く、

「日本型経営」に対する社会的な評価が再び上がり始めているが、昔のまま復活することはあり得ない。バブル崩壊後に行き詰った共同体型の甘い経営は影をひそめ、市場志向を強めた、いわば「新日本型経営」が生まれつつある。

日本経団連会長の奥田碩トヨタ自動車会長と次期経団連会長に内定した御手洗冨士夫キヤノン社長は今や、日本型優位を象徴する存在になっている。ともに「終身雇用」の大切さを説き、両社とも社外取締役を入れず監査役設置会社の体制を維持しているからである。……両社が厳しい国際競争の中で成長しているのは、旺盛な企業家精神に加え、経営革新によってもたれ合いの体質を絶えずつぶしてきたからにほかならない。……今台頭しつつある新日本型経営はまず「市場志向」を基軸に置く。……それでも「日本型」というのは、経営者が現場との一体感を保ち、従業員の意欲を引き出して全員参加型の経営を心がけなければならないからだ。……競争力の源泉となる人材を社内に引き留める求心力は今や「終身雇用」や「年功序列」ではない。最終的には従業員の能力向上にもつながる魅力ある事業であり、ビジョンだろう。株主、投資家の要求にもこたえながら、長期的視野に立って事業を創造できるプロの経営者が不可欠である。それを間断なく生み出す経営システムをどうつくり出すか、「新日本型経営」の模索は続く。(4)

一九九〇年代末ころからの一〇年間で、日本企業は「市場志向」的になったといってよい。そうでなければ、グローバリゼーションの荒波に飲まれてしまったからであろう。共同体的な「甘え」を捨てたのも事実であり、同じ理由からである。経営機構も「市場志向」的となった。意思決定の迅速化、合理化を可能とするように、取締役会はスリム化した。この傾向が、逆行することはないだろう。株主を重視する方向に向かっていくのもたしかであろう。だが、日本企業は、先に引用した米国の弁護士が主張するように、現場を重視しない会社の外部者を信任することによって「長期安定的な企業価値の向上」「長期安定的な成長」という理念を捨て去る状況にはないといってよいであろう。(5)

さて、日本の経営学関連学会を代表する学会のひとつである日本経営学会の第八一回大会が、「企業経営の革新と二一世紀社会」という大会統一論題を掲げて開催された（追手門学院大学、大阪、二〇〇七年九月五日〜八日）。大会統一論題設定の趣旨は次のとおりである。

一九九〇年代半ば以降、経済活動のクローバル化の大きなうねりは、市場原理の浸透として日本の経済社会に大きな影響をもたらした。過去一〇年は日本型経営の変化の時代であり、またそれを支える日本社会の変化の一〇年でもあった。激動の時を経て、日本経済は今ようやく再生が見え始めてきた。経済活動の重要な制度的インフラとしての会社法が二〇〇六年五月に施行され、市場原理に基づいて企業価値を高める法制度が整備されることになった。経済活動のルールが緩和され、経営の自由度は拡大し、IT革命に対応し競争力を高める体制が整ったのである。

市場原理の浸透は、株主価値重視の経営を促し、企業の経営活動を活発化する一方で、拝金主義を助長する傾向を生み出すとともに、企業倫理の問題を重要な課題として浮上させた。また、成果主義の導入が進むと同時に、少子高齢化社会に対応するべく二〇〇六年四月に改正高年齢者雇用安定法が施行され、年齢を問わず働ける環境づくりが開始されるなど、日本型経営の強みであった企業という社会も多様化している。

以上のような企業内外の環境が激変、多様化する状況を分析し、企業と社会との関係を見据えて企業経営の革新について、理論的実証的に研究することが重要であると考える。

そこで、第八一回大会では、大会統一論題を「企業経営の革新と二一世紀社会」に設定するとともに、サブテーマとして、①「新しい企業価値の探求」、②「企業社会の多様性の探究」、③「新しい社会貢献の模索」という三つの柱を設ける。

①「新しい企業価値の探求」では、市場原理の浸透と企業経営のあり方をめぐる近年の議論を踏まえ、真の企業価値とは何かという問題について検討しようとしている。

②「企業社会の多様性の探究」では、日本型経営の根幹をなすとされてきた企業という社

会の変容を見極めようと試みている。

③「新しい社会貢献の模索」では、産業界の方々との議論をとおして、今日における日本企業の新しい社会貢献のあり方を解明しようとしている。[6]

右の引用に明らかなように、二一世紀社会における日本企業の経営理念、すなわち、企業と社会の関係を見据えた新しい企業価値を探求しようとしたのである。サブテーマ③では、関西の経済界を代表する三名の経営者が報告し、日本経営学会員と活発な討論を行なった。奥田務「先義而後利者栄～一九〇年の歴史と経営理念～」（J.フロントリテイリング㈱代表取締役社長兼大丸取締役会長）、金田嘉行「Good Corporate Citizenによる価値創造～企業の社会的責任　善良、勤勉、フェアーな人間集団　社会に役立つ価値創造～」（ソニー株式会社社友・元代表取締役副社長）、寺田千代乃「企業とイノベーション」（アートコーポレーション㈱代表取締役社長）である。[7]

企業は株主のものであるという株主至上主義的思想ではこれからの企業経営は行ない得ない、これが三名の企業家の一致した結論であったように思われる。それぞれの方が、ステークホルダー、社会と企業の共生について語った。会社は株主のためだけのものではないという点での見解は、一致している。[8]

日本を代表する企業の一つであるキヤノンの御手洗冨士夫社長は、インタビューにおいて会社は誰のものかと問われた際、繰り返し従業員のステークホルダーとしての重みを強調した上で、「私は、キヤノン株を長期間持ち続け、長い目で会社を育ててくれる株主に焦点を当てて、配当中心の株主政策をやっている。株を今日買って明日売るような株主には焦点を当てていない」[9]、と述べた。会社をモノと捉える米国型思想への痛烈な批判である。さらにまた御手洗は、会社がヒトからなっている点を、別の角度からも次のように強調している。

日本では社内役員が一般的で、長い間、縦横から全部チェックされる。この方が役員を正しく選択できると思う。社内から上がった経営者は会社に人生をかけているので、愛社精神が強く、会社を誤らせてはいけないという自制心が働く。コーポレートガバナンスのかんどころは経営者の倫理観だ。制度ではない。例えば私はキヤノンに四一年いる。会社への愛着と倫理観は無縁ではない。ここで悪いことをすれば自分の人生を否定することになる。[10]

一九九二年および翌九三年、当時ソニー会長で経団連副会長でもあった盛田昭夫は、「『日本型経営』が危い」ならびに「新・自由経済への提言」という論文を相次いで発表した。[11] それらの中で、世界的な自由競争の土俵づくりの緊急性をわれわれ日本人に熱く訴えると同時に、「労使が共に苦楽を分かち合うという運命共同体的な企業経営慣行」をつくりだしたことを、「日本企業の歴史の中で極めて独創的なできごと[12]」であると高く評価し、次のように述べていた。

日本企業は、これまで、運命共同体的な労使関係を重んじてきました。これは、日本企業の素晴らしい点であったと思います。その安定的な労使関係は、今後、柔軟に変わっていく可能性はありますが、基本的には、ぜひ守っていかなくてはなりません。[13]

会社はヒトの集団なのである。この盛田提言から三〇年ほどが経過して、日本経済もグローバリゼーションの荒波に洗われるとともに、会社をモノと捉える思想もかなり浸透した。しかしながら、依然として、日本の優良企業の経営者たちの多くは、当時の盛田と基本的には同一の思想を共有しているように思われる。そうではあるが、日本企業の経営者、そして私たち日本人が、「市場志向」のあるべき姿を、また運命共同体的組織観の負の側面を含めて新たな企業価値をはっきりと示しうるまでには至っていないのも、残念ではあるが事実である。[14]

(1) アイラ・ミルスタイン「リレー討論『働く取締役会』めざして ㊥ 社内出身者は要らない」『日本経済新聞』、二〇〇八年五月三日付。

(2) 二〇二一年現在の状況についてみれば、指名委員会等設置会社は導入当初の予想に反して(ロナルド・ドーアが予測したように)、ほとんど普及していないのが実情である。次に示すように、東証第一部上場会社でみれば、監査役会設置会社の比率は減少し、二〇一四年の会社法改正で認められた監査等委員会設置会社の数と比率が大幅に増加しているが、指名委員会等設置会社の数と割合にはほとんど変化がみられない(「東京証券取引所 コーポレート情報サービス」を参照のこと)。

二〇〇七年八月:総数一七二六社、監査役(会)設置会社一六七三社(九七%)、指名委員会等設置会社五三社(三%)。二〇一六年八月:総数一九七八社、監査役(会)設置会社一五五三社(七九%)、指名委員会等設置会社六一社(三%)、監査等委員会設置会社三五八社(一八%)。二〇二一年八月:総数二一八九社、監査役(会)設置会社一三七一社(六三%)、指名委員会等設置会社六九社(三%)、監査等委員会設置会社七四九社(三四%)。

(3) トヨタ自動車「コーポレートガバナンスの状況」『有価証券報告書』、二〇〇七年。

(4) 「社説 共同体的な甘えを捨てた新日本型経営」『日本経済新聞』、二〇〇六年二月三日付。この社説が書かれた当時以降も、トヨタ自動車とキヤノンはともに監査役会設置会社である。両社は社外取締役を入れており、取締役はそれぞれ一〇人と五人、うち社外取締役は四人と二人となっている(それぞれ、二〇二三年六月一四日、四月一日現在)。社外取締役の役割を重視した措置だとは思われるが、両社ともに、社説にいう「日本型」を堅持している会社であろう。

（5）株主主権を信奉する代表国である米国においても、主要企業の経営者団体であるビジネス・ラウンドテーブル（Business Roundtable: BR）は、二〇一九年八月一九日、株主第一主義を見直しすべての利害関係者の利益に配慮した経営を行うと宣言した。すべての利害関係者は、順に（1）顧客、（2）従業員、（3）取引先、（4）地域社会と続き、最後に（5）株主があげられている。『日本経済新聞』の「真相　深層」は、次のように指摘している。
「すでに欧州は（軌道―引用者）修正で先を行く。英国は上場企業の企業統治指針（コーポレート・ガバナンス・コード）を改め、利害関係者として従業員の声を経営に取り込むよう求めた。1月以降に始まった決算期から適用している。／日本のここまでの企業統治改革はむしろ、株主重視へ振り子を振るかたちを志向した。それは従業員や取引先、社会を大事にする企業文化の素地がある半面、利益水準は低いままで30年に及ぶ株価低迷を抜け出せないことへの反省からだ。／いわば双方離れていた振り子が、米国からは日本の方へ、日本からは米国のほうへ寄る動きともみえる。……企業が社会と調和しながら持続的に成長できる資本主義はどうあるべきか。少なくともこれまでの延長線の先には答えがないと考え、各国それぞれが道を模索する。その色合いが一段と強まっている」（藤田和明「米企業『株主第一』に転機」『日本経済新聞』、二〇一九年八月二一日付）
（6）廣瀬幹好「統一論題趣旨『企業経営の革新と二一世紀社会』によせて」（日本経営学会第八一回大会プログラム委員長）日本経営学会／編『経営学論集第七八集　企業経営の革新と二一世紀社会』千倉書房、二〇〇八年、三～四頁。
（7）役職名は、いずれも当時のものである。

（8）「統一論題　サブテーマ2：新しい社会貢献の模索」、同前、四四〜四五頁を参照のこと。
（9）『朝日新聞』、二〇〇五年一一月二七日付。
（10）『日経産業新聞』、二〇〇二年四月一六日付。このインタビューは、社外取締役制度について、当時経団連のコーポレートガバナンス委員長であった御手洗に意見を求めたものである。
（11）盛田昭夫「『日本型経営』が危い」『文藝春秋』、一九九二年二月、九四〜一〇三頁頁。盛田昭夫「新・自由経済への提言」『文藝春秋』、一九九三年二月、九四〜一〇九頁。盛田提言のくわしい内容については、本書第二章第三節を参照のこと。
（12）盛田昭夫「『日本型経営』が危い」、一〇三頁。
（13）盛田昭夫「新・自由経済への提言」、一〇一頁。
（14）既述の日本経営学会第八一回大会での報告をお願いするため、金田嘉行氏にお会いした際、なかなかご承諾いただけなかった。その理由は、企業は日々M&Aの脅威にさらされているため経済価値を重視せざるをえず、社会貢献が必要だとはいえるが、両者の関係を経営実践の中で明確に示せない、というものであった。至極当然の、経営者として極めて誠実なお返事である。そこで、社会貢献という概念を狭く捉えず、企業が社会に寄与すべき新しい価値についての金田氏の考えを自由に示していただくということで、ご了解いただいた。奥田務氏、寺田千代乃氏にも同様のお願いをしてお引き受けいただいた。

第四章　経営者の役割

1　経営の視点

前章で述べたように、二〇〇七年に追手門学院大学で開催された日本経営学会第八一回大会における統一論題は、「企業経営の革新と二一世紀社会」であり、「新しい企業価値の探求」というサブテーマが設けられていた。このシンポジウムでの報告と討論を通じて、およそ次のことが確認されている。

すなわち、第一に、一九九〇年代以降、企業が売買の対象とみなされる傾向が強くなっているが、現代企業は社会的存在であり、そのことを深く認識して経営活動が行なわれねばならない時代になっていること、それゆえ、第二に、企業を売買の対象とみなす投資家にとっての「財務的企業価値」のみを企業価値としてとらえるのではなく、それを超えた新しい企業価値の探求が不可欠となっていることであり、そこにはステイクホルダーにとっての価値を組み入れなければならないということである。[1]

また、実業界からの報告者を迎えたサブテーマ「新しい社会貢献の模索」では、株主にとっての企業価値の評価と企業の社会的存在意義について議論したが、そこにおいても三人の経営者たちは共に、株主にとっての企業価値だけではなく望ましいステイクホルダー関係をつくり上げることによって、中長期的に企業が発展することが企業価値の本質であると述べている。[2]

しかしながら、その際、何ゆえ株主の価値を企業価値であるといってはいけないのか、企業が社会的存在であるとはどのような意味でそうなのか、企業とさまざまなステイクホルダーとがどのような関係にあるのかということについて、十分な理論的解明は行なわれていない。以上の点をさらに深く議論することが必要とされている。

企業価値とは何かを問うことは、企業とは何かを問うことであり、企業の目的が何かを明らかにすることを意味するのである。[3] 具体的には、企業はモノであり株主のもの（所有物）であるのか否かということ、すなわち米国流の株主第一主義である株主主権論の妥当性を吟味することが最も重要な課題である。また、企業が株主のものではないとすれば、誰のものなのかということが問題となる。企業が株主のものであると考えるにしろそうでないと考えるにしろ、どちらの場合にも、企業と株主その他のいわゆるステイクホルダーがどのような関係にあるのかが問われねばならない。

仮に企業が株主のものであると考えた場合でも、企業はリンゴや鉛筆のような使用・処分可能な所有対象物ではない。企業が一定の目的のもとに調整された人間の集団的活動組織である限り、株主の企業支配の権限は、法的にも実態的にも制限されざるをえないし、企業組織に利害を有する関係者（企業を含む）の会社への関与もまた認めざるを得ないのである。とりわけ、企業の業務執行の権限を事実上掌握している経営者の役割について検討することが大切であると思われる。

そこで、本章では、「経営者は〈誰〉のために経営すべきか」という問いを立て、いわゆる株主主権論と従業員主権論との融合（折衷）を試みている議論を検討する。この議論は、両者の会社支配権を半ば承認、半ば否認することにより、経営者の会社支配権の正当性を主張する議論だからである。(4)

(1)「新しい企業価値の探求」は、報告者と討論者それぞれ三名からなるシンポジウムであり、司会者はシンポジウムのまとめを次の文章で締めくくっている。「以上のシンポジウムを通して、三名の報告者は、『新しい企業価値』を『財務的企業価値』を超えたものととらえていることは共通している。しかし、この問いは、現代経営学とは何か、企業とは何かを改めて問うことを意味しており、今回のシンポジウムは、その出発点に立つものとして位置づけられよう」（日

本経営学会／編『経営学論集七八集　企業経営の革新と二一世紀社会』千倉書房、二〇〇八年、四三頁）

（2）同前、四四～四五頁。「新しい社会貢献の模索」での報告者と報告テーマを再掲すれば、次のとおりである。奥田務（「『先義理而後利栄』――二九〇年の歴史と経営理念」）、金田嘉行（「Good Corporate Citizen による価値創造」）、寺田千代乃（「企業とイノベーション」）の各氏。

（3）なお、以下の議論では、念頭に置いている企業は日本企業であり、法人企業である会社、しかも公開会社としての株式会社であるので、原則として、企業という言葉はこのような会社をイメージしている。そして、会社が法人（法律上のヒト）であるという点に着目する。もちろん、法人とならんで数多く存在する個人経営の企業は自然人としてのヒトの外延であるので、本章の議論の枠内にあるのは当然のことである。

（4）田中一弘「企業は誰のものか　経営、支配、統治の三側面」、伊藤秀史・沼上幹・田中一弘・軽部大『現代の経営理論』有斐閣、二〇〇八年、第七章、二六三～二九七頁。田中は議論を進めて、「良心による企業統治」という考え方を展開している。次を参照のこと。田中一弘『「良心」から企業統治を考える　日本的経営の倫理』東洋経済新報社、二〇一四年。

2　主権の所在

経営者主権論の提唱

大企業の業務執行の決定権限をもつ者、すなわち会社経営の支配者が経営者であるという事実を前提として、経営者支配の正当性を論じようとする試みがある。ここでは、このような議論をひとまず、「経営者主権」論と呼ぶことにする。この議論の特徴は、株主主権と従業員主権の調停者としての経営者論を提示していること、そして、調停者としての経営者論であるがゆえに、経営者の自立的経営権を主張している点にある。

その問題意識は、「経営者は誰のために経営すべきか」という問題を解決するということであり、その判断根拠を明確にするということ、すなわち、経営者支配の正当性の源泉あるいは根拠を探ることにある。この議論の結論は、「経営者がためを図るべきステイクホルダーが多岐にわたるのは当然だが、……最も本質的には〈株主〉と〈従業員〉とを想定すべきであり、両者の（二者択一ではなく）バランスの取り方がこの問いの核心だ」ということである[1]。

この結論を導くために、二つの課題を設定する。第一の課題は、「株主や従業員の意思を経営に反映させることの正当性がどこにあるのか。自らの意思を反映させるという意味での株主・従業員の『支配』の正当性の根拠を考察」することである。第二は、「だからといって株主・従業員からの牽制（株主・従業員の意思反映要求）のすべてに従いうるわけではないし、場合によってはそれに部分的にせよ従わない、つまり牽制を遮断することが必要なこともありうる。株主・従業員のためを図ることを職分としつつも、しかし他方で彼らの意思をある程度遮断しなければならないというパラドックスである。そうした遮断が許されるとしたらその根拠はどこにあるのか」、ということである。[2]

まず、第一の問題は、株主や従業員が自らの意思を経営に反映させることの正当性の根拠について、すなわちステイクホルダーと企業との関係の問題、企業は誰のために存在しているのかという問題である。

この議論では、企業の存在意義は顧客へのサービス提供にあり、このことを自明としたうえで、その他のステイクホルダーの意思に配慮すべきは当然ではあるが、これらのステイクホルダーは株主・従業員とはレベルと性質の異なるカテゴリーであり[3]、企業にとってのもっとも重要なステイクホルダーは株主と従業員であると主張される。

なぜならば、「そもそも企業という経済組織体はカネの結合体とヒトの結合体という二面を本質においてもっており、それぞれの中核をなすのが『逃げない資本』を提供している株主と、『逃げない労働』を提供している従業員」[4]であり、「株主と従業員は、企業にある意味で囲い込まれていて、経営者のやり方如何によって自らの安寧が左右される存在である」[5]からである。[6]

第一の論点が多様なステイクホルダーの中における株主と従業員の独自の存在意義を識別することにあるとすれば、第二の問題は、株主主権、すなわち株主による支配の正当性の相対化（従業員主権についても同じこと）、言い換えれば経営者主権の正当性の根拠を探るという問題である。後者についての議論は複雑なので、項を改めて検討する。

株主主権の相対化

株主主権を相対化する論拠を示さないかぎり、経営者主権を主張することはできない。もちろん、株式所有者である株主の会社支配権への関与を否定することはできないので、経営者主権論は、株主の支配権を「ある程度遮断することが許されるとしたら、それはなぜか」、遮断しうる根拠はどこにあるのか、と設問する。それは、株式所有と会社支配権の関係を明らかにすることを意味する。モノとしての株式を所有している株主は、自分たちが（一人でもよい）出資して設立した会社、モノではない会社（法人）とどのような関係にあるのか、すなわち株主は会社「支配の正当性」を主張しうるのかということについて、制度的側面と規範的側面から検討する。株主による会社「支配の正当性」、すなわち株主主権の根拠を崩す作業が不可欠だからである。

株式の所有者が会社を支配することに何らかの権限をもちうることは疑いえない。だが、何らかの権限の実態が何かを説明するのは容易ではない。経営者主権論は、株主の会社支配に対する何らかの権限、言葉を換えれば、権限を制約しうる根拠を明確にしようとしているのである。一般に、以下のことが株主による会社「支配の正当性」の根拠と考えられるという。

「会社法が株主に自分たちの意思を反映させる手段を与えていること」は、株主支配にとって重要な制度論上の根拠である。その背後には、「所有権保護の必要性」や「債権者に比べた株主の〈寄与〉の大きさ」といった規範論上の根拠がある。(7)

この引用に示された法制度上で認められている株主主権とは、共益権および自益権の保障のことである。すなわち、

総会議決権を持つことにより、定款変更や合併など企業の根幹に関わる政策に対して直接的に意思を反映する（議決によってこれを決定する）ことができるし、経営陣の構成母体となる取締役の選・解任を通じて企業の経常的な管理運営に対して間接的に意思を反映させることができる。さらに、価値の分配についても、株主権によって自らが経営成果の分配に与る権利が確保されている。これら一連の明示的な権利を、株式会社制度は基本的

に株主に、そして株主のみに与えているのである。(8)

以上のような株主のもつ諸権利は、株主による会社支配の正当性を根拠づけるものであるのかと問い、いわゆる支配の正当性はない、というのが経営者主権論の立場である。なぜなら、法律上、会社は株主とは別個の独立したそれ自体として実在するヒト（法人）であり、権利能力の主体であるからである。この法人を株主は所有することはできない。すなわち、会社の財産の所有者は、株主ではなく法人それ自体である。それゆえ、株式所有者である株主は、会社を全面的に支配する権利をもつ所有者ではない。経営者主権論によれば、株主には共益権と自益権があるがそれらは会社の所有権ではなく、したがって株主は会社の所有権をもっているわけではない。もし、株主に会社の所有権が与えられておれば、株主には「支配の正当性」がある。だが、事実はそうではない。株主が所有しているのは株式なのであって会社財産ではない。株主には、株主主権を主張しうるほどには会社「支配の正当性」はない、のである。

要するに、共益権と自益権を持つ株主は、会社の所有権者ではなく、「株式という財産の所有者」としての権利、すなわち会社の経営者が「会社資産を非効率に使って、株主が利益配当を得られなくなったり、キャピタル・ロスを被ったりしないように」、「経営に自らの意思を反映させる資格を持つ」のみの存在であるということになる。(9)

経営者の主権

それでは、株主の支配権を一定遮断した経営者の、「支配の正当性」、すなわち会社支配権への関与の権利をどのように根拠づければよいのか。経営者の主権とは何なのか。この点について、経営者主権論の主張を次にみておこう。

当然ながら、経営者主権論は経営者が株主の代理人ではないと主張する。[10] ひとまず、従業員の会社支配への関与の権利を脇に置けば、株主主権の相対化の論理が根拠となるはずである。単純に、経営者支配の実態があるから経営者主権は当然のことであるとは言っていない。すなわち、「現代の大企業は、実態論としては経営者の意思の下におかれているケースが大半だろう。しかし実態がそうだからと言って、そのまま『経営者支配』が制度論や規範論としても是認されるわけではない」[11]、という。

では、経営者主権を積極的に主張しうる論拠は何か。それは、何よりも経営者が法人としての会社の機関である、ということである。

ところで経営とは一面では会社資産（モノ）を使って事業（コト）をなすことである。そして企業を自らの意思の下に置くとは、そうしたモノの使い方（使用や処分）について自らの好むところに従わせることである。それをする資格があるのは所有者だが、このモつまり会社資産の所有者は株主ではない。法人としての会社である。そして実際にはその機関としての経営者に、支配の正当性が帰することになる。[12]

法人に成り代わって意思決定や行動をする経営者は、法人のために仕事をすることを信頼によって任された者という意味で、「法人の信任受託者（fiduciary）」であるというのが、岩井の主張である。

それが経営者の職分の本質であるならば、「会社のためを図る」ことが何にも増して経営者に求められているはずである。……経営者の責任の根本には、会社という組織の存続・発展があるだろう。[13]

会社の機関である経営者は会社それ自体を経営する主体なのであり、会社財産の運営に責任を持つ存在である、というのが右の引用の要点であり、これが経営者主権の正当性を示す根拠である。さらに、次のように述べる。

実態論としての経営者支配という状況にあって、経営者は前節でみた正当性をもつ株主・従業員の意思を経営に反映させること、言い換えれば彼らのためを図ることが、経営者自身の（実態としての）支配に正当性を与えることになる。[14]

すでに述べたように、株主と従業員の会社支配への関与に対する制限を、まずは会社それ自体の自立性（法律上のヒト）と、その機関（意思・行為主体）としての経営者の存在を主張することによって根拠づけたのではあるが、同時に、制約されたとはいえ株主と従業員には会社支配に関与する正当性があるので、彼らの意思を経営に適正に反映させなければ、会社それ自体の、すなわち経営者の会社支配の正当性を主張しえない、というのがこの引用の意味するところである。また、次のようにも述べている。

①株式会社制度の本質上、経営者が「株主」よりも原理的に（「第零義的に」）優先してためを図るべき存在として「会社それ自体」がある……少なくとも上記①（経営者が優先してためをはかるべきは会社それ自体であるということ―引用者）は従業員についても当てはまると言える。[15]

この主張は、「会社それ自体」は株主からも従業員からも、もちろんそのほかのステイクホルダーからも自立した独立の存在であるとの主張である。株主と従業員の意思を適正に反映するべく経営が行われるべきではあるが、会社それ自体が意思を持つ存在だということである。では、会社の意思とは何か、この点について経営者主権論はどのように説明するのであろうか。

経営者は会社と不可分の関係にある機関（会社それ自体）なので、その根本的な責任・義務は、会社それ自体の存続・発展のために経営を行なうことである。[16] しかしながら、経営者主権論は、会社それ自体のための経営とは何かを深く問わず、会社それ自体を「第零義的」存在とみなすのである。すなわち、「『会社のため』はそれを直接図っても何の効果も生まれない（重要なステイクホルダーのためを図ることによって間接的に実現できる）」[17] のである。なぜ「『会社のため』はそれを直接図っても何の効果も生まれない」のか、この説明からは理解しづらいが、「会社それ自体」の存在を認めているようでありながら、事実上、否認しているのである。

ステイクホルダーは、会社それ自体を構成する存在ではない。それゆえ、利害関係者といわれる。だが、経営者主権論は、ステイクホルダーのためを図ることが会社それ自体のためを図ることになるという。会社それ自体の外部にいる者の影響を無視してあるいは意向を反映せずに経営することは不可能であるとしても、第一義的に彼ら（特に、株主と従業員）のためを図ることが、どうして会社それ自体のためを図ることになるのであろうか。自然人を考えた場合、利害関係者のためを図ることが自分のためを図ることになるという論理が成り立つであろうか。人間は、第一義的には、利害関係者のためを図るために生きているのではない。自分自身のために生きているのであり、義務を伴いつつそのような権利が与えられているのである。[18] 法人といえどヒトである以上、同様であろう。それゆえ、会社は、会社それ自体のために経営されるべきであろう。

しかしながら、「会社は生身の人間でない以上意思がなく」という表現にも明らかなように、会社それ自体を事実上否定する経営者主権論は、また、いわば全能の支配者としての経営者論を提示する。会社それ自体に意思がないので、会社の中心的機関あるいは事実上の支配者である経営者の意思が会社の意思であり、自らの判断でステイクホルダーの意向を反映した経営を行なうのが当然だということになる。したがって、会社の存続・発展は、支配権力者である経営者の「自己規律[19]」に委ねるべきだという主張に行き着く。会社の命運は、経営者の自己規律にかかっているというのである。

(1) 田中一弘「企業は誰のものか　経営、支配、統治の三側面」、二六七頁。
(2) 同前、二六七〜二六八頁。
(3) 同前、二七一〜二七四頁。
(4) 同前、二七〇頁。
(5) 同前、二七一頁。
(6) もっとも、そのほかのステイクホルダーが「株主・従業員とはレベルと性質の異なるカテゴリー」であるとの主張（同前、二七〇～二七四頁）について、その主張の妥当性については慎重に検討する必要があると思われるが、ここではこの点には触れない。

（7）同前、二八七頁。

（8）同前、二七九～二八〇頁。

（9）同前、二八二頁。また、株主の支配の正当性の基礎は株式の所有にあると同時に、株主の企業への「寄与」（貢献、コミットメント、リスク負担）も正当性の根拠だと主張する。

巨大企業における「会社それ自体」の自立化に注目する北原勇は、次のように述べて株主こそが株式会社の実質的所有者であるとする通説的見解を批判する。すなわち、法形式上、株主は会社資産に対して間接的権利（共益権および自益権）をもつ存在であり、会社それ自体が会社財産の所有者である。株式所有に基づく株主の会社に対する支配権は、法形式上にとどまらず実質的にも制限されているのである、と。「まず何よりも、株式会社における企業資産が、株主の意思による出資引上げ、他の用途への転用を完全に封殺することによって、一つの独立した資産となり、そのかぎりで株主の意思の完全支配下からはなれたものとなっているという点が肝要である。……株主による出資払戻し＝会社資産・現実資本の引上げを廃絶することによって、株式会社の企業資産は、株主の意向のいかんにかかわらず、また出資者の交替がどう行われようとも一切の影響をうけない、独立の、そして分裂したり一部脱落したりすることのない完全に一つに融合した資産のかたまりとなるし、会社はかかる資産を永久に自己のものとし、資本として占有・使用する一つの独立した所有主体となっているのである。会社資産は各株主の出資によって形成されたものではあるが、株主の完全所有下からはなれて一定の独立性を獲得し、この関係を基盤として、会社自体も株主からの一定の独立性を獲得するのである」（北原勇『現代資本主義における所有と決定』、一九八四年、一〇〇頁）

(10) この主張の論拠は、岩井克人の議論である。「岩井によれば……株主は法人としての会社の所有者に過ぎず、会社資産の所有者ではない。会社資産の所有者は法人としての会社それ自体である。／この論でいけば、会社資産の正当な支配者（自らの意思に従って会社資産を使う資格のある者）は『法人としての会社』それ自体ということになる。しかし自然人ならぬ会社に支配の行為ができるわけがないから、それに成り代わってコトをなすのが自然人である経営者（代表取締役）である。このゆえに岩井は経営者を株主の代理人（agent）ではなく、会社の信任受託者（fiduciary）であると位置づけている」（田中一弘、前掲論文、二八一〜二八二頁）

(11) 同前、二八七頁。

(12) 同前、二八二頁。

(13) 同前、二八九〜二九〇頁。

(14) 同前、二八七頁。

(15) 同前、二九五頁。

(16) 経営者は会社と契約関係ではなく、信任（信認）の関係にある。それゆえ、経営者は会社のために忠実に行動し、善良な管理者としての注意をもって経営にあたるべきことを、法律は義務づけている。経営者の忠実義務とは、「取締役は、法令及び定款並びに株主総会の決議を遵守し、株式会社のため忠実にその職務を行わなければならない」（会社法三五五条）ということであり、注意義務とは、「株式会社と役員及び会計監査人との関係は、委任に関する規定に従う」（会社法三三〇条）、「委任は、当事者の一方が法律行為をすることを相手方に委託し、相手方がこれを承諾することによって、その効力を生ずる」（民法六四三条）、「受任者は、委任の本旨に従い、善良な管理者の注意をもって、委任事務を処理する義務を負う」（民法六四四条）ということである。

右のように、民法およびこれに基づく会社法は、会社と経営者との関係を「委任」と規定している。しかしながら、岩井克人によれば、委任は契約関係の一種であって、会社と経営者との関係を委任契約ととらえることは経営者が株主の代理人であるとの誤った理解であって、経営者とは会社の「信任受託者」であるという。ここで岩井のいう「信任」とは、英語のFiduciaryにあたることばで、「別の人のための仕事を信頼によって任されていること」を意味し、一般に法律上「信認」と訳される言葉を指している。この点については、岩井克人『会社はこれからどうなるのか』平凡社、二〇〇三年、七四〜八三頁、および樋口範雄『フィデュシャリー［信認］の時代　信託と契約』有斐閣、一九九九年を参照のこと。

(17)　田中一弘、前掲論文、二九一頁。

(18)　フランス人権宣言（「人権および市民権の宣言」、一七八九年）は、その第一条で次のように述べている。「人間は、生まれながらにして、自由であり、権利において平等である。社会的な差別は、共同の利益に基づく場合にしか設けられることができない」、のであると。フランス革命の著名な研究者であるG・ルフェーヴルは、「人権宣言にとっては、自律的で自由な個人こそが社会組織と国家との究極の目的」（G・ルフェーヴル／著、高橋幸八郎・柴田三千雄・遅塚忠躬／訳『一七八九年――フランス革命序論』岩波書店、一九九八年（原著は一九三九年刊）、三六二頁）であるとし、人間にとっての自由の意味について、深い洞察を行なっている。「人権宣言は、人間の権利を宣言することを通じて、同時に、自発的に同意された規律、必要に際しての犠牲、道義の陶冶、一言でいえば人間の精神、といったものに訴えている。……自由は、勤勉、不断の努力、厳格な自己抑制、有事に際しての犠牲、そして、市民としてのまた私人としての徳、というものを前提にしている。したがって、自由に生きることは奴隷として生きることよりもはるかに困難なのであり、人々があれほどしばしば自由を放棄するのもそれがためである」（同前、三七〇〜三七一頁）

人権宣言の教えに学べば、自由には責任がともなう。自由は、個々人が批判的精神を持ち、他者の権利を尊重し、社会に貢献するという精神、すなわち、個人および社会的存在としての徳を前提としている。自然人ならびに法人がもつ自由とは、このような意味での自由なのだということを、心にとどめておかなければならない。

(19)「牽制の主体となりうるこれらのステイクホルダーの意思を遮断する正当性が経営者にあるのだとすれば、そうした中で経営者が『株主と従業員の利益を両者のバランスをとりながら図っていく』ことを担保するためには、究極的には（株主・従業員からの牽制ではなく）経営者自身の自己規律によらざるをえないということになるだろう」（田中一弘、前掲論文、二九六頁）

3　会社それ自体とは

会社はモノか

すでに述べたように、経営者主権論の主張とは違って、会社は、それを構成する諸機関の意思と行為を通じて、会社それ自体のために経営されるべきであると考えられる。それゆえ、会社それ自体のためにとはどういうことなのかを、以下で検討したい。

会社それ自体のための経営とは、会社自らの価値を高める経営ということである。そこで、会社自らの価値、いわゆる企業価値とは何かを明らかにしなければならない。一般に、会社は株主が所有するモノであるので、企業価値とは株式時価総額のことであるという考え方が、実業界では通説であるという。(1) 株式時価総額は、基本的には経済的事業を遂行する会社の能力である収益力や成長力を投資家が評価した結果、市場において決められているからである。会社の社会的存在意義を示す指標であるという意味で、会社の価値、価格を株式時価総額であるとみなすのは、投資家の観点からすれば、正当であるようにみえる。投資家にとって、株式はモノであり、売買される商品であるので、会社の価値を株式の価値であるとみなすことは、会社をモノ、商品であると考えている場合には当然のこととなる。

しかし、この考えは問題含みである。当然の前提とされていること、すなわち会社は売買対象のモノなのか、ということである。会社がモノであれば、その価値、価格を市場が決定するのは当然である。株式がモノであることは間違いないが、会社もまた、モノなのであろうか。

経営者主権論も認めているように、会社はモノではなく、ヒト（法人）なのである。会社は、それ自体として財やサービスの生産、流通、消費を担う経済的事業組織であり、営利を目的として事業を行なう能動的主体（法人、法律上のヒト）としての社会的存在である。それゆえ、会社は誰かに所有されるモノ、自由に利用・処分されうるモノではない。

民法上、所有とはモノに対する全面的支配を意味する。すなわち、法令の制限内において、客体としてのモノを、自由に使用・収益・処分することである（民法、第二〇六条）。株主は、株式を所有することにより、会社から収益を得る権利（利益配当請求権）ならびに、これを確保するための「補助的」権利（共益権）をもつ。後者は会社の支配権を意味するが、会社財産の所有者ではない株主には、会社を自由に使ったり処分する権利はなく、したがって、株主が会社を所有しているとはいえないのである[2]。

企業価値とは

会社が株主とは別個の独立した社会的存在である以上、会社の価値は、以上のことを前提に再考されなければならない。では、会社の社会的価値とは何か。社会的価値が株式時価総額に反映されていると考えることもできる。しかし、この価値基準を過度に強調すべきではないと思われる。株式時価総額を過度に強調することは、すでに述べたように、会社をモノ、売り買いする商品であるという、誤った見方を助長することになるからである(3)。

株式時価総額は投資家にとっての価値、売買価格であり、社会を投資家に代表させて（一元化して）評価した価値である。投資家にとっての価値と社会にとっての価値が一致することもあり得ようが、そもそも両者は別のものである。投資家にとっての価値は、モノ、商品の価格が高いか低いかにある一方で、社会にとっての価値は、会社の（存在意義である）持続的に成長する能力にあると考えられるからである。

会社は、法律上のヒトであり株主が所有するモノではない。株主とは別個独立の権利義務の主体である会社は、株主の価値とは別にそれ自体の価値をもつ。人間の場合、自身の価値とは、不断に成長し、社会発展に寄与しうる能力であり、それが給与、組織的地位や社会的地位などによって評価されている。社会的存在としての会社もまた、まず、それ自体の価値を考えるべきであろう。

企業の価値とは何かと問われたある経営者は、「長期的、持続的に成長する力だ」と答えている。企業価値は、「長期的、持続的に成長する力だ。メーカーならば開発力。開発投資をする資金力や技術力を多く持っている会社が、価値ある会社だ。株式時価総額は価値の唯一無二の基準ではない。我々は完全に『技術』に価値を置いて企業買収してきたし、今後もそうする」[4]。高い開発力を維持し、長期的に成長することによって社会発展に寄与する能力、これが企業価値だとの見解である。

会社それ自体とは

会社は、使用・収益・処分対象、所有対象としてのモノではなく、したがって株主のもの（モノ）ではないと述べた。株主主権論は正しくないのである。だがまた同じ論理から、会社は多様なステイクホルダーの共同的所有物でもない。たしかに、会社を取り巻くさまざまなステイクホルダーにとっての価値が会社の価値だという議論も優勢である。先に述べた経営者主権論は、いわばステイクホルダー主権論であり、株主主権と従業員主権を折衷したものである。このような議論は有益ではあるが、会社それ自体の存在を無視してステイクホルダーの価値が会社の価値であるかのように考えるならば、それは誤りであろう[5]。

すでに繰り返し述べたように、会社は誰かのもの（モノ）ではなく、それ自体の価値をもつ法的ヒトであるので、会社はそれ自体としての価値をもつ。そして、会社自体が持続的に成長する能力が会社の価値であることはすでに述べた。では、この価値を生み出す主体としての会社とは何かが、問われなければならない。

会社は、機関の存在によって、生きた人間のように考え行動できる。集団としての株主すなわち株主総会が意思決定し、会社と信任関係にある取締役（会）等すなわち経営者が、会社の経営業務を執行するのである。これら機関が法律上の会社の実像、身体を構成している。だが、実際には機関だけでは十全な身体ではなく、会社は活動できない。これに会社と契約関係にある従業員（使用人）を加えることによって初めて、会社は十分な活動が行なえるヒトとなるのである。つまり、現実的には意思決定機関である株主総会の権限は限られているので、取締役（会）等が実質的に会社の意思と行動を代表する。(6) すなわち、経営業務を担当（業務執行）する。そして、この取締役（会）等とその指揮命令下にある使用人との協働体が会社であり、価値を生み出す主体である。それゆえ、会社の価値を高めるためには、従業員の満足（従業員価値）を高めることを通じて、顧客を創造する（顧客価値の向上）ことのできるように、持続的に成長する能力を強化することが求められている。

会社それ自体とは何かについて論じるのは容易ではない。株主主権論、従業員主権論、経営者主権論それぞれの議論には、一定の妥当性と限界がある。本章では、経営者主権論の議論を手がかりにして株主主権論を批判し、法人としての会社それ自体とは何か、会社それ自体の価値とは何かを検討することの重要性を指摘した。(7)

（1）　砂川伸幸「企業価値評価の動向：コーポレートファイナンスの分野」『日本経営学会第八三回大会報告要旨集』九州産業大学、二〇〇九年、一二頁（日本経団連、経済同友会レポートにみられる企業価値の定義の紹介）。砂川は次のように述べている。「現代の企業は、顧客、従業員、株主、社会など様々な利害関係者と良好な関係を維持することで価値を創造している。コーポレートファイナンスでは、投資家と企業の関係がテーマである。そこでは、投資家の立場から企業活動を分析したり、企業価値を評価したりする。企業価値は、投資家にとっての価値である。日本経済新聞や経済雑誌などで目にする企業価値は、この意味で使われていることが多い」（砂川伸幸「企業価値評価の動向――コーポレートファイナンスの分野――」日本経営学会／編『経営学論集八〇集　社会と企業：いま企業に何が問われているか』千倉書房、二〇一〇年、一七頁）砂川が例示している企業価値の定義についてみておこう。

「ゴーイングコンサーンとしての企業の価値は、企業が将来にわたり生み出すことを期待されている付加価値の合計である。企業価値は、配当やキャピタルゲインとして『株主に帰属する価値』（株主価値）と顧客・従業員・地域社会など『株主以外のステークホルダーに帰属する価値』の源泉である。企業価値の最大化こそ経営者の使命であるが、近年、さまざまな次元で、企業価値の最大化に向けた経営戦略のあり方が議論の焦点となっている」「経営者は企業価値の最大化を目指しているにもかかわらず、企業価値そのものは計測が難しい。経営者は実際には、把握可能な株式時価総額を参考としつつ、企業価値の最大化に取り組んでいる」（日本経済団体連合会『企業価値の最大化に向けた経営戦略』、二〇〇六年三月二一日、三～四頁）

「一般論としての『企業価値』を論じるとなると、従業員、株主、顧客といった立場の違いによって『企業価値』の捉え方が異なるため、誰にとっての『企業価値』なのかという点を明確にしない限り、議論が拡散してしまう。さらに、『企業価値』という言葉には、定量的な要素と定性的な要素の双方が内包されているが、それらを含めて定量的なものとして捉えなければ、経営者が考え、判断する指標とはなりえず、企業価値の向上に対する責任を持つこともできない。／したがって、本提言では、経営者にとっての『企業価値』とは何かということに焦点を絞り、かつ、『企業価値』を定量的なものとして捉えることで、議論を進めたい。／『企業価値』とは何か、という問いは極めて深遠なる問いであり、議論は尽きない。しかし、『企業価値』という言葉を、経営者の立場から考え、資本市場における共通認識とすべく、敢えて、定量化し、単純明快に表現しようとするならば、やはり、経営者にとっての『企業価値』は、『株式時価総額』であると考えるのが妥当であろう」（経済同友会『企業価値向上の実現に向けて――経営者の果たすべき役割と責務』、二〇〇六年四月一二日、六頁）

企業価値を株式時価総額とする論拠は、「経営者は株主の負託を受けて経営を行うプロフェッショナルであり、株主から預かった資本を効率的に活用し、収益を最大化する責務がある」ということ、そして、「株主の利益を重視した経営を行うには、収益性を高めることが必須の条件であり、その収益をもとにさらなる成長を実現することが可能となる。その過程及び結果において、全てのステークホルダーにも株主重視経営による利益が還元される。さらに、老後の生活を支える年金資金が株式でも運用されていることを考えれば、広く一般の国民も資本主義の根幹を成す資本市場を通して、株主重視経営のメリットを享受していることになる」（同前、七頁）というものである。

このような考え方は、二重の意味で誤りである。第一に、経営者の立場から考えれば株主重視経営を行ない株式時価総額を高めることが企業価値であるとの主張は、経営者を「株主の負託を受けて経営を行うプロフェッショナル」とみなす誤解に基づいている。先に述べたように、経営者は善良な管理者としての注意義務をもって会社自体の価値を高めるべく信任関係にある会社の機関であって、株主の意図を実現すべき僕ではない。第二の誤りは、株主重視経営が収益性を高め、すべてのステークホルダーに回りまわって利益が還元されるという楽観的な図式を描いており、貧富の格差の拡大の進行という現実をみていないということである。

(2)「投資者は何を求めて株主になるか。企業の経営に意欲を燃やす者もいるが（企業者株主）、これは大株主に限られる。一般の株主は経営を取締役に任せ、剰余金の配当を得るか（投資株主）、株価の値上がりを期待する（投機株主）。昔のように会社の存続期間を限っていたところでは、会社が解散した時に分配される残余財産が、投資額を上回ることを期待したかもしれない。現在の会社は解散を予定しない。こまめに株価の動きを見て値上がり益を稼ぐか、配当を目当てにするのが一般の株主である。／こういう状況では、剰余金配当請求権が株主の最も重要な権利になる。株主の共益権は、株式投資から収益を確保するための、いわば補助的な権利である」（龍田節・前田雅弘『会社法大要　第二版』有斐閣、二〇一七年、二一八頁）

(3) 数において、わが国の会社のほとんどは小企業といってよく、これらの会社においては、株式所有者（大株主）は、その経営支配力の強さのゆえに、会社財産の所有者であるかのようにふるまい、会社はモノ的存在（大株主の所有物）であるかのようにみえる。ただこの場合、仮にこれら大株主が会社を私有物であるとみなしていたとしても、売買対象物であると考えているとはかぎらない。

（4）「メディアウォーズ　私はこう見る　一二　御手洗冨士夫氏」『朝日新聞』、二〇〇五年一一月二七日付。

（5）会社法の想定する会社のステイクホルダーは、株主と債権者である。従業員も債権者（賃金や退職金などの請求権をもつ）の一人であり、株主と同様に、会社それ自体の外部者である。「会社をめぐる関係者として伝統的に考えられてきたのは、社員（＝出資者。株式会社では株主）と会社債権者である。つまり、会社債権者の保護を図りつつ、社員の利益を増進させるよう、会社が運営される仕組みを用意するのが会社法である」（龍田節・前田雅弘、前掲書、二九～三〇頁）

（6）「株主総会の権限は、会社の意思決定に限られ、執行行為をすることはできない（執行は取締役または執行役がする）。そして、その意思決定の権限は、取締役会設置会社では、原則として法律上定められた事項に限られる（……）。株主総会の法定権限は、①取締役・監査役などの機関の選任・解任に関する事項のほか、②会社の基礎的変更に関する事項（定款変更、合併・会社分割等、解散等）、③株主の重要な利益に関する事項（株式併合、剰余金配当等）、④取締役にゆだねたのでは株主の利益が害されるおそれが大きいと考えられる事項（取締役の報酬決定等）である。それ以外の事項の決定は、取締役会にゆだねられる（……）。しかし、取締役会設置会社でも、定款で定めれば、法定事項以外の事項を株主総会の権限とすることもできる（……）。／以上に対して、非取締役会設置会社では、株主総会は一切の事項について決議できる万能の機関である（……）」（神田秀樹『会社法〔第二十版〕』弘文堂、二〇一八年、一八六頁）株主総会の意思決定権限の解釈にはいくぶん議論があるが、経営業務の執行行為をする権限をもつのは、取締役または執行役（執行役員ではない）である。この点については、同前、二一五〜二二八頁を参照のこと。

なお、ここでいう「執行行為」とは、右の引用文に明らかなように、一般的に理解されているような決定に基づきそれを具体的に実現するという意味の「実行」と同義ではない。「実行」に加えて、「意思決定」をも含んでいる。なぜなら、ここでいう「執行」とは、会社経営という業務を執行すること、わかりやすくいえば実際に会社の経営業務を行うということであり、決定を含まない経営業務はありえないからである。「執行」の意味するところに、留意が必要であろう。

（7） しかしながら、会社それ自体を考える上で最も重要な従業員と会社との関係について、ここではまったく触れていない。この点に関しては、従業員の「主権」について検討することが必要であろう。

補論　企業価値の再考

はじめに

本補論は、日本経営学会第八三回大会（二〇〇九年九月）における統一論題「社会と企業‥いま企業に何が問われているか」のサブテーマ「企業価値の再考」についての三つの報告に対する筆者のコメントに加筆したものである。二〇〇〇年代に入って企業価値をめぐる議論が活発になったことを背景に、経営学を代表する学会のひとつである日本経営学会も、この課題を重要なものと位置づけて大会で取り上げるようになってきた。企業価値をめぐっては、その後もトーンを変化させながら議論が続いている。ここで取り上げた三報告は、企業価値をめぐる主たる論点を提示しているという意味で、現在もその意義を失っていないと思われる。

第八三回大会の統一論題の趣旨について、大会プログラム委員長代行の齋藤貞之は次のように説明している。

二一世紀にいたって、日本経営学会を含めたわが国の経営学系学会の報告テーマ・統一論題は、株主主権論、企業価値論、コーポレート・ガバナンス論が主流を占めることになった。二〇世紀末のわが国バブル経済の崩壊を境に、わが国の経済界、学会での論調は大きく変わった。それまでのアングロサクソン型経営の対極にある日本型経営に対する肯定的解釈が、突然なりを潜め、一夜にしてアングロサクソン型の経済合理主義、株主至上主義による経営の紹介、礼賛が跋扈することになる。二〇〇三年の会社法改正、取締役会の制度改正（委員会設置会社）、アメリカ型コーポレート・ガバナンス制度の導入がその象徴的表れである。

二一世紀に入ってブームとなった「企業価値」「コーポレート・ガバナンス」等をめぐって、わが国の経営学系学会では様々な議論がなされてきた。しかし、方法論、アプローチの違いはあるものの、議論は平行線をたどりがちであり、相互の議論を通して新たな次元へと止揚する建設的アプローチを見出せない状況が続いてきた。……これまでの議論は、その根幹にある「企業観」の違いを明確に意識した議論が欠けていたため、議論が収斂することなく、平行線をたどっていたとも言える。……企業を中心として社会をみる「企業と社会」というテーマではなく、社会的存在として企業をみる「社会と企業」という統一論題を選択したのは、こうした経過からである。(1)

この大会に先立って行われた日本経営学会第八一回大会（二〇〇七年九月）においても、統一論題「企業経営の革新と二一世紀社会」において、サブテーマのひとつとして「新しい企業価値の探求」というタイトルが設定されている。第三章でとりあげたように、大会統一論題の趣旨は、次のように述べている。

一九九〇年代半ば以降、経済活動のグローバル化の大きなうねりは、市場原理の浸透として日本の経済社会に大きな影響をもたらした。過去一〇年は日本型経営の変化の時代であり、またそれを支える日本社会の変化の一〇年でもあった。

激動の時を経て、日本経済は今ようやく再生が見え始めてきた。経済活動の重要な制度的インフラとしての会社法が二〇〇六年五月に施行され、市場原理に基づいて企業価値を高める法制度が整備されることになった。経済活動のルールが緩和され、経営の自由度は拡大し、IT革命に対応し競争力を高める体制が整ったのである。

市場原理の浸透は、株主価値重視の経営を促し、企業の経営活動を活発化する一方で、拝金主義を助長する傾向を生み出すとともに、企業倫理の問題を重要な課題として浮上させた。また、成果主義の導入が進むと同時に、少子高齢化社会に対応するべく二〇〇六年四月に改正高年齢者雇用安定法が施行され、年齢を問わず働ける環境づくりが開始されるなど、日本型経営の強みであった企業という社会も多様化している。

以上のような企業内外の環境が激変、多様化する状況を分析し、企業と社会との関係を見据えて企業経営の革新について、理論的実証的に研究することが重要であると考える。(2)

以上の趣旨のもと、サブテーマ「新しい企業価値の探求」では、市場原理の浸透と企業経営のあり方をめぐる二〇〇〇年代前半ころの議論を踏まえ、真の企業価値とは何かという問題について検討している。(3) ここでの報告と討論を通じて、少なくともおよそ次の二点が確認されたように思われる。第一は企業の社会性の意味を明確にし、第二に財務的企業価値を超える新しい企業価値を探求することの重要性である。

そこで、第八三回大会の統一論題およびサブテーマ「企業価値の再考」は、そのタイトルからも明らかなように、以上の第八一回大会の議論をさらに深化させることを目的としたものである。ここでの報告者は次の三名、切り口はそれぞれ異なっている。(4)

1 「企業価値と経営戦略—社会性と企業の存続—」(5)へのコメント

藤田報告では、企業価値とは、「ステークホルダーの支持を得ながら、売上・収益を上げ続けること」(6)と定義したうえで、企業の社会性（ステークホルダーの支持獲得）が同時に株主価値（財務的価値）を高めることになると主張し、その主張の妥当性を論証しようと試みている。理論的にみれば、重要論点のひとつである、株式価値論とステークホルダー価値論の関係を明確化しようと試みた報告であった[7]。

しかし、藤田の主張は、次のような問題を含んでいる。第一に、「企業＝株主の所有物」という企業観に疑問を提示し、企業価値はステークホルダーが決定すると主張するが、その論拠は何か。「企業＝ステークホルダーの所有物」と考えているのか、企業は誰のものか、という根本的問いを曖昧にしている。第二に、ステークホルダーを狭義と広義に分類するが、明らかに社会的存在である「法人」としての企業にとっての狭義、広義のステークホルダーとは誰なのかという視点からの緻密な議論が必要であると思われる[8]。

2 「企業価値評価の動向：コーポレートファイナンスの分野」[9]へのコメント

砂川報告では、コーポレートファイナンス分野での企業価値の定義である「投資家にとっての企業価値」[10]が現実性をもっていることを例証し、企業価値評価に関するコーポレートファイナンス分野での研究動向を踏まえた上で、事業への影響によって企業価値を向上させうる財務戦略のあり方を示唆した。ファイナンスの領域から「企業価値の再考」というテーマへのアプローチは容易ではないと思われるが、企業価値評価のあり方をめぐる動向の紹介は興味深かった。しかしながら、かみ合う議論をするのが難しいとも感じた。

企業価値＝投資家にとっての価値という「あたりまえのこと」の根拠が、投資家が「収益の配分において最も劣位」の地位にあるためとされるが、[11] それだけでは説得性のある論拠とは思われない。さらに、大会統一論題の問題意識は、社会的存在としての企業の価値を問うことにあると考えるが、コーポレートファイナンス分野からこの問題にどのようにアプローチしているのか、社会を投資家に代表させているのか、という点についても積極的に論じてもらいたかった。

3 「株式会社の再定義と企業価値の変容」[12] へのコメント

小松報告では、企業価値は主要（支配的）株主にとっての価値であるとの考えを示した上で、近年、企業の「売却価値」が企業価値とみなされる傾向にあるが、「社会全体をもプラスにする価値」（社会的企業価値）こそが追求されねばならないと主張する。[13] 小松は、会社が株主支配権のもとで経営されるのは当然のことであり、株主重視かステークホルダー重視かという議論はさほど重要ではなく、それよりも会社の主要（支配的）株主の性格を再考する必要があるという。小松は、株主価値をもって企業価値とする立場にありながら、株主（特に、主要株主）概念の現実的多様性に着目し、主要株主のいかんによって企業価値概念が変化するということ、および「社会的企業価値」[14] が企業の追求すべき価値であると主張する。

小松の議論では、会社が株主のものであるという見解が前提とされているように思われるが、その見解への有力な異論もあるので、見解の妥当性に関する検証が必要であろう。そしてまた、主要株主のいかんによって企業価値概念が変化するという主張と、社会的企業価値を企業が追求すべきであるという主張との関連性が明らかではない。社会的企業価値概念を提唱する根拠を、規範を超えたレベルで論じていただきたかった。

4　小括

以上の三人の報告に共通していることは、会社は誰のものなのか、あるいは誰のものでもないのかという根本的問題を真正面から論じておらず、誰のために経営されるのかという論点を扱うにとどまっていることである。

法人企業である株式会社が株主のもの（所有物）でないことは自明である。所有とはモノに対する全面的支配を意味し、法令の制限内において、客体としてのモノを、自由に使用・収益・処分することを意味する。株主には会社を自由に使ったり処分したりする権利は与えられていないので、株主が会社を所有しているとはいえないのである。同様の理由から、会社は多様なステークホルダーの共同的所有物でもない。

会社は、法律上のヒトであるかぎり、株主（あるいは他のステークホルダー）とは別個独立の権利義務の主体としての社会的存在である。それゆえ、会社は、株主などの価値とは別にそれ自体の価値をもっている。人間の場合、その価値は、不断に成長し社会発展に寄与する努力を基準に測られるものと考えられる。ならば、法的ヒトたる法人も同様なのではないだろうか。会社の法人性の十分な吟味を踏まえて企業価値のあり方を考えることが重要なのではないか、筆者はそのように考えている。(15)

(1) 齋藤貞之「統一論題趣旨『社会と企業：いま企業に何が問われているか』によせて」日本経営学会／編『経営学論集第八〇集　社会と企業：いま企業に何が問われているか』千倉書房、二〇一〇年、三～四頁。
(2) 廣瀬幹好「統一論題趣旨『企業経営の革新と二一世紀社会』によせて」日本経営学会／編『経営学論集第七八集　企業経営の革新と二一世紀社会』千倉書房、二〇〇八年、三頁。
(3) 「サブテーマ1　新しい企業価値の探求」、同前、五～四三頁。
(4) 以下は、当時の大会における筆者のコメントを再録したものであり、加筆しているのは主に注記部分である。各報告内容の詳細は、注(1)の文献を参照のこと。
(5) 藤田誠「企業価値と経営戦略――社会性と企業の存続――」『経営学論集第八〇集　社会と企業：いま企業に何が問われているか』、五～一六頁。
(6) 同前、一二頁。
(7) 藤田は、企業価値という用語が広く使用されるようになったのは二〇〇〇年代に入ってからであると述べ、次のような興味深い事実を指摘している。「データ・ベース『MAGAZINEPLUS』

を使用した検索では、『企業価値』というキーワードを含む雑誌記事・論文は、一九八〇年代は一七件、一九九〇年代は二二八件にすぎなかったが、二〇〇〇年代に入ると二〇〇九年一〇月二二日までに、その数はすでに二一一五件に上っている」（同前、一四頁）

（8）　さらにいえば、この点について日本経営学会第八一回大会の統一論題サブテーマ「新しい企業価値の探求」の報告者である三戸浩の討論に立った小松章が、興味深い指摘をしている（三戸浩報告「『新しい』『企業価値』とは」『経営学論集第七八集　企業経営の革新と二一世紀社会』、三四～三九頁。小松章討論、同前、四〇～四一頁）。

三戸が、さまざまなステークホルダーにとってのあるいは社会にとっての価値こそが新しい企業価値だと主張したことに対して、小松は、各種ステークホルダーのためといっても、株主が自分たちの利益を自己主張するのと同じく各種ステークホルダーが自己利益の追求をすれば、企業経営にはプラスにならないと批判する。つまり、ステークホルダーの価値、社会的価値を具体的に論じるべきであるとの主張である。小松は次のように述べている。

「同じ経済的価値であっても、株主価値と他のステークホルダーの経済的価値の調和・融合をどう図るかというだけでも大きな課題である。その上さらに、ステークホルダーにとっての非経済的な社会的価値をも併せて調和・融合を図るというのであれば、そもそも『経済』と『社会』という質（次元）の違う価値を、経営者はどう調和させ、どう融合させたらよいのか。経営者を納得させるような基準を示さなければ、観念論に終わることになる」（小松章討論、四〇頁）

(9) 砂川伸幸「企業価値評価の動向——コーポレートファイナンスの分野——」『経営学論集第八〇集　社会と企業：いま企業に何が問われているか』、一七～一九頁。

(10)「コーポレートファイナンスでは、投資家と企業の関係がテーマである。そこでは、投資家の立場から企業活動を分析したり、企業価値を評価する。企業価値は、投資家にとっての価値である。日本経済新聞や経済雑誌などで目にする企業価値は、この意味で使われている」(同前、一七頁) ここでいうところの企業価値は、具体的には株式時価総額のことである。本書第四章第三節、注(1)を参照のこと。

(11) 砂川は、大会当日の報告レジュメでこのように述べている。

(12) 小松章「株式会社の再定義と企業価値の変容」、『経営学論集第八〇集　社会と企業：いま企業に何が問われているか』、二〇～三二頁。

(13) 同前、三〇頁。

(14) この報告の中で、小松は社会的企業価値を顧客価値、従業員価値、地域価値など多面的要素からなると考えているようであるが、先の三戸や藤田の場合と同じく、説得的ではない(同前、二九～三〇頁)。

(15) 本サブテーマの司会者である佐々木恒男は、報告・討論・シンポジウムを次のように、率直に総括している。「現代の企業環境が目まぐるしく変化するなかで、現代企業の本質をいかなるものと捉えるのか、その価値をどこに求め、それをどのように評価するのかが、経営学研究に対してつねに問われる。ストックホルダー説vs.ステークホルダー説の対立は容易には解けない。今回のサブテーマ1での報告も討論も、そしてフロワーからの問題提起も、残念ながら既知のものを超える、斬新なものではなかった」（佐々木恒男、『経営学論集第八〇集　社会と企業：いま企業に何が問われているか』、三六頁）

シンポジウム司会者である佐々木の率直なまとめは、シンポジウム討論者の一人としては耳が痛いが、的確な評価であろうと思われる。しかしながら、誰が会社を支配するかという問題意識から、誰のために会社は経営されるべきかという発想の転換は、議論の大きな進歩であると思われる。それだけに、容易ではないがこの課題をさらに理論的に詰めることが重要であろう。

第五章　経営の未来

1　三〇年を経て

自律的で自由な個人こそが社会的組織および国家の究極の目的であるとは、フランス人権宣言の基本理念である。[1] この人権思想は、現代社会の基本原理でもある。この理念に基づけば、社会的組織である企業の究極的な経営目的は、経済的業績の達成それ自体ではない。経済的業績の達成を通じて、働く人びとの自律的で自由な存在を保障するとともに、社会に寄与することを目的とすることによって初めて、経営の正当性を主張することができる。これが豊かな社会を創造するということであり、経済大国であることそれ自体は、直ちに豊かな社会であることを意味するわけではない。人びとが自律的で自由に生きることのできる社会、これがゆとりある豊かな社会であり、経営の究極的目的なのである。

日本の経営のあり方を問い直そうとした盛田提言から[2]、はや三〇年もの長き年月が経過した。『日本型経営』が危い」との現状認識に基づいて提示されたその改革理念は、果たして実現されているのか、わが国の現状はどうなっているのであろうか。

経済大国化と生活の豊かさ

わが国の経済大国化の道は、すでにみたように、一九七〇年代から九〇年代半ばのGDPの急成長に示されている。二〇一〇年に中国に追い抜かれるまで、戦後の高度成長期を経て世界第二のGDP大国となり、八〇年代後半以降は経済大国としての地位を不動のものとしているようにみえる。しかし、九〇年代半ば以降、世界第三位の位置を維持しているとはいえ、GDPの成長はほとんど止まっている。一人当たりGDPも、八〇年代後半から急速に増加し世界有数の国へと飛躍するものの、その後は位置を下げ現在に至っている。二〇二一年現在、OECD諸国の平均以下、G7の中では最下位である[3]。

日本型経営の未来を危ぶんだ盛田提言から三〇年経ったいま、提言に示された課題の実現状況はどのようであろうか。経済大国日本において、生活の豊かさとゆとり、給与の水準、企業の配当性向、取引先との関係、社会貢献、環境への配慮などは、満足のいくものになっただろうか。人びとの暮らしを支え、安定した仕事と豊かな生活をするための所得を保障するという

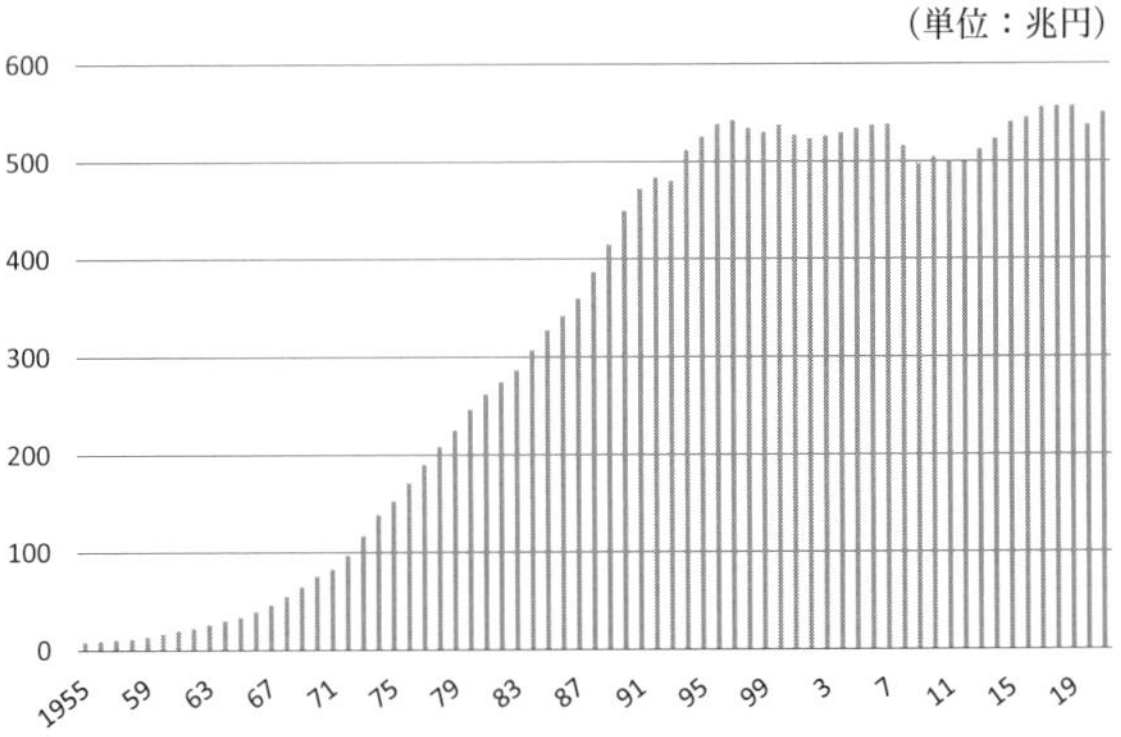

図表５－１　わが国における名目 GDP の推移（1955年～2021年）

注：同一基準による統計データが存在しないため、長期の一貫したデータではない。1979年までは1990年基準、1993年までは1995年基準、それ以降は2015年基準による。

（出所）内閣府「国民経済計算（GDP 統計）」より作成。
https://www.esri.cao.go.jp/jp/sna/menu.html
（2023年９月11日閲覧）

もっとも大切な役割を、企業は果たしているのだろうか。

次頁の図表は、一九八五年から二〇二一年までの一世帯当たり平均所得金額の推移を示したものである[4]。八〇年代後半からの一〇年間、日本経済のめざましい発展とともに一世帯当たりの平均所得は全世帯平均で大きく増加した（一九八五年の四九三・三万円から一九九四年の六六四・二万円へ）。しかし、その後は大きく減少している（一九九四年の六六四・二万円から二〇二一年の五四五・七万円へ）。中央値についても、ほぼ同じような傾向がみられる。一九九五年の約五五〇万円から二〇二一年の四二三万円へと、ほぼ一貫して減少を続けているのである。この状況は、先にみた九〇年代半ば以降のＧＤＰの成長の停滞と符合している。

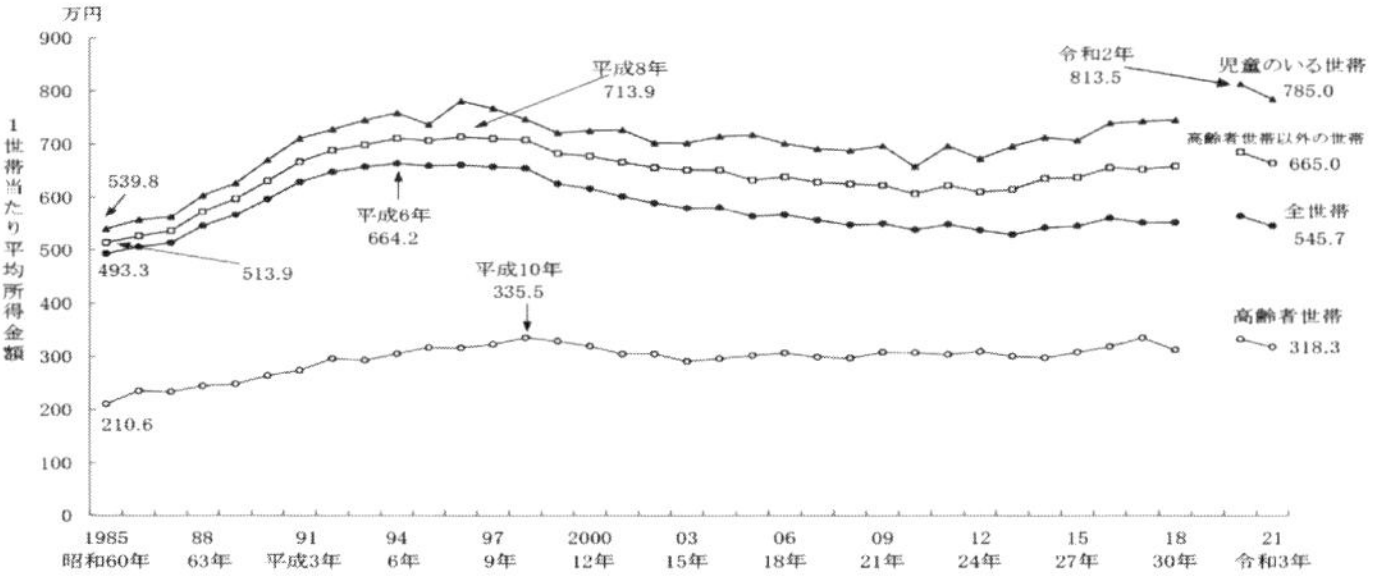

図表５－２　各種世帯の一世帯当たり平均所得金額の年次推移

注１）1994（平成６）年の数値は、兵庫県を除いたものである。
　２）2010（平成22）年の数値は、岩手県、宮城県及び福島県を除いたものである。
　３）2011（平成23）年の数値は、福島県を除いたものである。
　４）2015（平成27）年の数値：は、熊本県を除いたものである。
　５）2020（令和２）年は、調査（2019（令和元）年の所得）を実施していない。
（出所）厚生労省「2022（令和４）年　国民生活基礎調査の概況」、2023年７月４日。
https://www.mhlw.go.jp/toukei/saikin/hw/k-tyosa/k-tyosa22/index.html
（2023年９月11日閲覧）

人びとのゆとりある生活、豊かさへの願いが実現する方向にではなく、ほぼ三〇年の間まったく逆の歩みを続けることになろうとは、いったい誰が想像したであろうか。このように、経済大国化したはずのわが国において、不思議なことに人びとの生活は豊かさへと向かっているのではなく、逆方向に進んでいるのが実情なのである。上の図表は、豊かさ神話と将来への希望を壊すじつに驚くべき事実を、はっきりと示している[5]。

　豊かさの程度をはかる基準のひとつとしての所得格差、すなわち貧富の差の状況は、どのようになっているのであろうか。一般に日本は格差の少ない社会だと思われてきたけれど、果たしてそのことは、事実なのであろうか。ＯＥＣＤは、そのような認識とは逆に、日本が格差の大きい社会だとして、次のように指摘している。

日本における所得格差は、ＯＥＣＤ平均より高く、一九八〇年代中盤から拡大している。これは、大半のＯＥＣＤ加盟国と同様の傾向である。日本では二〇〇九年には、人口の上位一〇％の富裕層の平均所得は、下位一〇％のそれの一〇・七倍になり、一九九〇年代中盤の八倍、一九八〇年代中盤の七倍からの増加となる。二〇一三年のＯＥＣＤ平均は九・六倍だった。(6)

下の図表は、ジニ係数の各国比較を示したものである。数値が一に近いほど格差が大きいことを示している。明らかなように、わが国のジニ係数は〇・

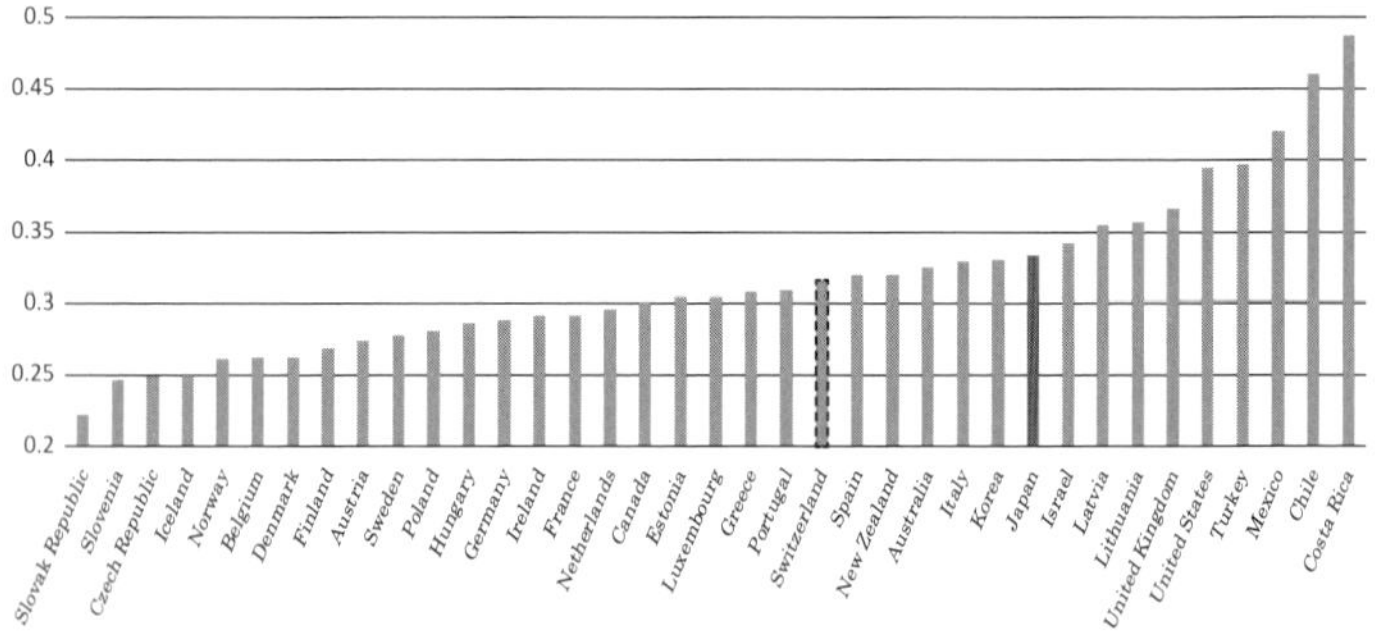

図表５－３　所得格差のレベル（2017年あるいは最新年）

（出所）OECD, "Income Distribution Database" より作成。
https://stats.oecd.org/Index.aspx?DataSetCode=IDD（2022年９月22日閲覧）

三三四であり（二〇一八年）、ＯＥＣＤ平均の〇・三一六を上回っている。Ｇ７諸国の中で日本よりもジニ係数が大きいのは英国とアメリカだけである。他方、北欧五カ国（アイスランド、ノルウェー、デンマーク、フィンランド、スウェーデン）やスロバキア、チェコ、オーストリアなどのヨーロッパ中部の諸国は数値が低く、これらの国々では所得格差レベルが比較的低いことが読みとれる。(7)どうやら、わが国が平等社会であるというのは、幻想にすぎない。(8)しかも、格差は確実に拡大しているのが実情である。

働き方の改革

次に、労働時間はどうなっているのだろうか。昔から日本人はよく働くといわれてきた。にもかかわらず、一九九〇年代後半以降、わが国のＧＤＰはふえることなく停滞している。経済大国になってあまり働かなくなったために、他国と比べてＧＤＰがふえず、所得水準も向上しないのだろうか。

次頁の図表には、イタリアを除くＧ７諸国の労働時間の推移が示されている。そこには、ＧＤＰ総額が日本に次ぐ経済大国のドイツと比べて、労働時間の差が非常に大きいことが、はっきりと示されている。(9)

一〇年間の平均をみると、日本人はドイツ人の一・二九倍（それぞれ、一七三〇・六時間と

図表5－4　主要6カ国における労働者一人年平均総労働時間の推移

（時間）

年	日本	アメリカ	イギリス	カナダ	ドイツ	フランス
2010	1754	1779	1467	1718	1350	1439
2011	1747	1788	1482	1718	1354	1445
2012	1765	1789	1498	1726	1336	1440
2013	1746	1787	1507	1721	1327	1427
2014	1741	1788	1513	1718	1334	1422
2015	1734	1788	1500	1718	1337	1422
2016	1724	1785	1513	1714	1334	1428
2017	1720	1783	1513	1705	1334	1414
2018	1706	1789	1511	1721	1336	1406
2019	1669	1786	1516	1682	1334	1418

資料：OECD Database（http://stats.oecd.org）“Average annual hours actually worked per worker［Dependent employment］” 2021年4月現在

（注）1. 調査対象となる労働者にはパートタイム労働者を含み、自営業者は除く。

2. 日本は事業所規模5人以上の労働時間。日本以外の国については事業所規模の区別はない。

3. 日本のデータの2012年以降は、東京都の「500人以上規模の事業所」について再集計した値（再集計値）に変更しており、従来の公表値とは接続しないことに注意。

4. フランスのデータの2015年は推計値。

5. 各国によって母集団等データの取り方に差異があることに留意。

（出所）厚生労働省『令和3年版　厚生労働白書　資料編』、2021年7月。
https://www.mhlw.go.jp/wp/hakusyo/kousei/20-2（2023年9月11日閲覧）

一三三七・六時間）、三ヶ月近く（三九三時間）多く働いている計算になる。一九九〇年頃までわが国の労働時間は二〇〇〇時間を超えていたので、現在はかなり減少している。

しかし数字をよくみると、次のようなことがわかる。平均でみると、年間総労働時間が一七〇〇時間を超えているのは、アメリカ、この図表には示されていないG7メンバーのイタリア、日本、およびカナダである。これらの国々に対して、イギリス（一五〇二時間）、フランス（一四二六・

一時間）およびドイツ（一三三七・六時間）の労働時間はかなり短い。国によって統計の取り方に違いがあるとはいえ、二つのグループの差は明らかである。とりわけ、先に示したように、ドイツと日本の労働時間格差には愕然とさせられる。

図表に示されているように、わが国は先進諸国の中で決して長時間の国ではないように思えるかもしれない。アメリカ、カナダ、イタリアなどと同じくらいではないかと。しかし、第二章でくわしく述べたように、サービス残業や過労死という問題がいまなお解決されていないわが国社会の現状からすれば、この数字に表れていない労働の実態があると考えたほうがよいだろう。(10) 自分の私生活、家族生活、レジャー生活を労働生活に対して優先できる社会、それを支える企業経営の実現の見通しが、経済大国といわれるいまもなお立っていないのが、日本の実情なのである。

（1）本書第四章第二節、注（18）を参照のこと。
（2）第二章第三節で論じたように、盛田提言は次の二つの論文に示されている。盛田昭夫「『日本型経営』が危い」『文藝春秋』、一九九二年二月号、九四〜一〇三頁、および「新・自由経済への提言」『文藝春秋』、一九九三年二月号、九四〜一〇九頁を参照のこと。
（3）“GDP and spending - Gross domestic product（GDP）- OECD Data” を参照のこと（https://data.oecd.org/gdp/gross-domestic-product-gdp.htm　二〇二三年一月六日閲覧）。概数で示せば、

次のようになっている。OECD平均が4.9万米ドル、米国7.0万ドル、ドイツ5.9万ドル、カナダ5.3万ドル、フランス5.1万ドル、イギリス5.0万ドル、イタリア4.7万ドル、そして日本4.2万ドルである。

一九九五年三月末から一年間、筆者は米国のオクラホマ州ノーマンにあるオクラホマ大学(University of Oklahoma)に客員研究員として滞在した。為替レートの変動が著しく、過度の円高時期であった。一時、一ドルが八〇円を切るほどの円高になり、滞在期間中はほぼ八〇円台で推移した。あらゆるものの価格が「安く」感じ、日本は豊かな国だと思った。二〇年後、ほんのわずかな期間だが親族の住むシドニーとメルボルンに滞在したときには、物価が高いと感じた。オーストラリアは物価が安いと思い込んでいた筆者の勉強不足だった。オーストラリアの時間当たり最低賃金は世界最高レベルであり(OECDの統計データによれば、二〇一八年以降ルクセンブルクに次いで第二位である。二〇二〇年現在、一二・九米ドル、これに対してわが国は八・〇ドルなので、オーストラリアの時間当たり最低賃金はわが国のおよそ一・六倍である)、一人当たりGDPでみても、わが国がオーストラリアを上回ったのは一〇年に満たず(一九八九年〜一九九七年)、一九九八年以降は差がつく一方である。経済大国幻想に筆者も捕らわれていたことを、反省している。OECD加盟諸国における最低賃金の比較については、次の資料を参照のこと。OECD, "Real minimum wages, Hourly." (二〇二三年四月一日閲覧)

(4) 二〇二〇年の国民生活基礎調査(簡易調査)は行われていない。その理由について厚生労働省は、「国民生活基礎調査は、毎年、保健所・福祉事務所を経由して、調査員調査により実施している基幹統計調査ですが、二〇二〇(令和二)年調査については、新型コロナウイルス感染症への対応等の観点から中止する」(「二〇二〇(令和二)年国民生活基礎調査の中止について」、二〇二〇年三月三〇日)と述べている。なお、二〇二一(令和三)年の調査について、厚生労働省は次のように述べている。「一九八六(昭和六一)年を初年として三年ごとに大規模な調査を実施し、中間の各年は簡易な調査を実施することとしている。二〇二一(令和三)年は中間年であるので、世帯の基本的事項及び所得について調査を実施した」(厚生労働省「二〇二一(令和三)年　国民生活基礎調査の概況」、二〇二二年九月九日)

(5)「日本の働き手の収入は長年伸び悩む。経済協力開発機構(OECD)によると、加盟35カ国の平均賃金は00～20年に約16%上がったが、日本は平均以下の水準で横ばい続き。順位は00年の17位から22位に落ちた」(『朝日新聞』、二〇二一年七月二一日付)以上の比較は購買力平価ベースでみたものだが、G7のうち英国、フランス、日本、イタリアが平均以下となっている。ただし、英国とフランスはOECD平均(五万ドル弱)に近く、この両国と、ほぼ同水準の日本とイタリアとでは約七千ドルの差がある。

(6)OECD「格差縮小に向けて　なぜ格差縮小は皆の利益となり得るか。日本カントリーノート」、二〇一五年五月二一日。

(7)二〇二三年四月点でのOECD加盟国は三八だが、コロンビアのデータは公表されていないので図表には含まれていない。三七カ国の平均〇・三一六は、図表に示したように、スイスの数値に相当する。G7諸国のうち、カナダ、英国、米国は二〇一九年、他の四カ国は二〇一八年の数字である。OECD, "Income Distribution Database" を参照のこと(二〇二二年九月二二日閲覧)。

（8）以上のことは社会全体としての格差についてであり、周知のように、日本企業において一般社員と経営者との給与格差は、欧米の諸国とりわけ米国に比べてかなり小さい。もちろん、経営活動のグローバル化の進展とともに、わが国企業においても経営者の報酬が増加しているのではあるが。『朝日新聞』（二〇二一年七月二三日付）は、「伸びる役員報酬　従業員給与は減」との見出しで、役員報酬について書いている。「役員報酬を海外と比べると日本は低い。大手コンサルティング会社ウイリス・タワーズワトソンの日欧5カ国調査によると、売上高1兆円以上企業の最高経営責任者（CEO）の報酬は、15億円近い米国に対して日本は2億円弱。7倍超の開きがある。米国は業績や株価に連動する報酬が約9割を占めるが、日本は6割。その割合は日本も年々増えて欧米型に近づくが、金額の差は依然大きい」

数字を示せば、米国（報酬合計14・5億円：基本報酬1.4億円、業績連動報酬2.6億円、株式報酬など10・4億円）、ドイツ（7.0億円：1.9億円、2.3億円、2.7億円）、英国（6.2億円：1.5億円、1.8億円、2.9億円）、フランス（5.0億円：1.5億円、1.8億円、1.7億円）、日本（1.9億円：0.8億円、0.6億円、0.6億円）である。他国の基本報酬は日本の約2倍であるが、株式報酬などを含む広い意味での業績連動報酬が、他国とりわけ米国とわが国では大きく異なっている。

（9）厚生労働省は二〇二二年九月、『令和四年版　厚生労働白書』を公表している。そこでは二〇二〇年の各国の労働時間も集計されているが、新型コロナウイルス禍が影響を及ぼしているとも考えられるので、ここでは『令和三年版　厚生労働白書』の数字を掲載している。

（10）働き方改革に関する政府の対策がなぜ実効性を欠くのか、次の森岡孝二の指摘は、依然として現在にも妥当する。「政府の過重労働対策は、残業時間に上限を設けることを一貫して回避してきたことにある。……週四〇時間、一日八時間の法定労働時間を空洞化させてきた三六協定（時間外労働協定）について、あれこれ言葉は費やしながら、その実質的改廃を意味することは何も提起していない」（森岡孝二『過労死は何を告発しているか――現代日本の企業と労働』岩波書店、二〇一三年、二六八頁）この点についてより詳しくは、本書第二章を参照のこと。

また、「省庁の残業代18％増要求　来年度予算　長時間労働浮き彫り」「『不夜城』是正　道半ば」との記事が目にとまった。「2022年度予算案の編成に向け、主要な中央省庁が求めた残業代の要求額が、前年度の当初予算額より18・4％多い計約385億円に上ることが朝日新聞の集計で分かった。首相官邸が残業代を労働実態にあわせて支払うように各省庁に指示したことが背景にある。実態にあわせた要求の急増は、いわゆる『サービス残業』が横行していた可能性を示している」「河野太郎前行政改革相が内閣人事局に霞が関の官僚5・1万人の昨秋時点の働き方を調べさせたところ、『過労死ライン』とされる月80時間超の残業をしている人が1割に上ることが判明。20代のキャリア官僚に限れば、80時間超の残業をした人が32％、100時間超も17％に達した」（『朝日新聞』、二〇二一年一〇月八日付）

「残業代を労働実態にあわせて支払う」とは、わかりやすくいえば、蔓延する「サービス」残業をなくそうということであって「残業」それ自体をなくすことではない。賃金不払い労働であるサービス残業をなくすことは当然だが、そのことよりももっと重要なことは、残業依存の仕事体制そのものをなくそうとする姿勢をはっきりと示し、その手だてを提示することであろう。一九七〇年代末、筆者の友人の女性官僚（当時、労働省勤務）が、いわゆる「午前様」がまれではない職場の実態について話していたことを、はっきりと記憶している。

2　経営の未来

企業と社会

経済大国といわれて久しいわが国は、今や経済成長の段階でいえば成熟期にあるようにみえる。だがすでに述べてきたように、人びとのゆとりある生活の実現は、社会の根源的な目的であるけれども依然として実現しえていないし、実現できるという期待をもちうる状況にもない。経済のグローバル化が激しさをますとはいえど、企業を通じた不断の経営努力を怠ることがなければ、わが国の経済成長が止まってしまうことはないであろう。しかし、かつてのように将来の飛躍的な経済成長が見込めない状況で、いかにすればゆとりある生活が実現できるのであろうか。これまでと同じように働く、あるいはいままで以上に働けばそれが可能となると考えることが幻想にすぎないということは、この三〇年が証明している。経済大国といわれ続け、現在も世界第三のGDP大国であるにもかかわらず、先に示したように、人びとの所得や労働条件についてみれば、ゆとりある社会の実を示していないからである。それゆえ、ゆとりある社会を実現するためには、これまでの経営のあり方を、働き方に関する考え方を、要するに企業中心社会を根本的に変えようとする社会の意識改革が不可欠であろう。

最近、次のようなできごとが目にとまった。兵庫と大阪が地盤の「関西スーパーマーケット」

に対して、首都圏を拠点とするスーパーマーケットの「オーケー」がTOB（株式公開買い付け）による買収を提案していたが、関西スーパーは二〇二一年八月、阪急阪神百貨店などを運営する「エイチ・ツー・オー リテイリング」と経営統合し、子会社になると発表した。このことについて、オーケー側は、統合による効果の説明が不十分だとして質問状を送付し、自社の買収提案より、エイチ・ツー・オー リテイリングの傘下に入る方が株主にとって利益があると考える具体的な根拠などについて早急に見解を示すよう求めた。最終的には最高裁が当初の経営統合を認める決定を行い、これを受けてオーケーが関西スーパーの買収を断念するという結果となった。[1]

筆者の注意を引いたのは、株式の買収合戦において、「株主にとって利益があると考える具体的な根拠」が主たる質問内容だということである。新たな経営方針が株主に不利益をもたらすようなものであってはならないのは当然のことであろう。しかし、株主にとっては新たな経営方針が自分に利益をもたらすかどうかが重要であろうけれども、企業にとってそのことが一番大切なことであるとはいえない。両者の提案のどちらが家庭の食材提供を使命とするスーパーマーケットの将来にとってより有益なものであるのか、当該会社で働いている人びとが経営統合や買収をどのように思っているのか、会社が経営する店を利用している地域の人びとの意向はどうなのかということが、もっと重要なことなのではないだろうか。株式の買収合戦で株主の理解を得ることがいくら大事だとはいえ、株主にとっての利益うんぬんを、ではなく。今回の出来事は、会社は株主のもの（モノ）であるとの考えが依然として根強いことを、はっきりと示しているように思う。

筆者はこれまで一貫して、会社は株主のもの（モノ）であるとする見解を批判してきた。難しく考えなくとも、そのことは自明である。私が使っているペンは、私のもの（モノ）である。それゆえ自由に処分できるし、そうしても誰にも迷惑をかけることはない。もちろんその使用価値を無視して処分すれば、資源の浪費にはなるけれど。他方、会社は自由勝手に処分（売買・清算）することはできないし、そうしてはいけない。会社は多くの顧客やたくさんの人びとの働きによって経営が成り立っている。それゆえ、経営を支え働く人びとをむやみに解雇する権限が会社にあるわけではない（労働契約法第一六条）。そして、会社の経営者（取締役等）は、業務執行をする機関として株主総会で選任されるが、その任務は、株主のために利益をあげることではない。経営者は、善良な管理者としての注意をもって、会社のために、忠実に経営を行わなければならない責任を負っている（民法六四四条、会社法三五五条）。なぜならば、会社はモノではなく、誰かのものでもない、社会的存在、社会の機関（器官）だからである。先にみた買収合戦には、そのような企業像はみいだせない。そこには、企業は株主のもの（モノ）であるとの根本的な誤謬がある。

ゆとり社会への条件

今から七〇年以上前の著作において、ピーター・ドラッカー（Peter F. Drucker）は、企業、とりわけ大規模企業は近代産業社会の中核的存在であり、代表的な社会的制度（social institution）になっていると述べている。企業は、株主の所有権の集積なのではなく、ゴーイング・コンサーンとしての社会的存在であると。[2] ドラッカーは、彼以前の経済と経営の専門家たちの誰も、共通の目的に向けた人間活動のための社会的制度として企業を分析していないけれど、これを社会的制度（機関）ととらえ、三つの側面から分析しなければならないと述べている。[3]

第一に、企業は、人びとの協働組織であり、自ら規制し存続欲求をもつ自律した制度である。第二に、社会的制度であるゆえに、社会の信条や期待に応える存在でなければならない。企業の要求や行動は、社会の基本的な信条や約束を実現するようなものでなければならない。第三に、企業の利益追求は社会の利益との調和をめざすものでなければならない。

要するに、ドラッカーによれば、企業は社会の代表的な機関、存在であり、社会の価値観に基づいて企業の内外の人びとの欲求を満たし、自身の自律的で健全な発展を遂げるべき存在なのである。とりわけ第二の側面については、分析がもっとも困難であり、しかももっとも重要なものであるとして、次のように述べている。

それは企業内部の関係でありながら、社会的な信条と約束との関係において分析すべき問題である。企業たるものは、社会の代表的組織として社会の信条と価値に応えなければならない。企業が要求するものが社会の理念や目的と齟齬をきたすならば、政治と社会に関わる理念そのものが崩壊する。したがって、アメリカの場合、機会は平等であるとの約束、報酬は努力と能力に応じて与えられるとの約束、社会の一員としての位置と役割と尊厳を与えられ、自己実現の機会を与えられるとの約束、全員が対等のパートナーとして協力し合うとの約束を満たしているかを分析しなければならない(4)。

わが国の企業は、社会的な信条と約束に応えて経営しているといえるのだろうか。企業は、社会を構成する人びとの期待に応えうる社会的制度としての正当性をもっているであろうか。社会(企業や国家を含む)の目的とは、フランス人権宣言にもとづけば、責任を自覚する自律的で自由な個人を保障することである。社会の信条や期待とは、ドラッカーの言葉を借りれば、「経済的な進歩が個人の自由と平等を促進するという信念」(5)、わかりやすくいえば、一生懸命働けばだれもが幸せになれると信じられるということである。彼は次のように述べる。

ブルジョア資本主義の最良のものと最悪のものの両方を体現している巨人、ヘンリー・フォード……にしても、彼を批判する者たちと同様、経済の成長と拡大それ自体は、社会の目的ではないことを忘れている。経済の成長と拡大は、社会的な目的を達成するための手段としてしか意味がない。社会的な目的の達成を約束するかぎりにおいては望ましいものであるが、その約束が幻想であることが明らかとなれば、手段としての価値は疑わしくなる。[6]

経済的進歩を正当化する唯一の根拠は、個人の自由と平等を実現するという約束を果たすこと、すなわち「経済的な進歩が個人の自由と平等を促進するという信念」を人びとがもつことにある。それゆえ、企業には社会の基本的な信条や約束を実現するように経営することが求められている。

しかしながら、労働法学者の西谷敏が的確に指摘しているように、わが国における経営の最大の難点は、「経営を有機的共同体と見、労働者をその分肢と見るような発想」、すなわち「有機体的企業観」にもとづいていることにある。[7] このような企業観が日本社会に根深く残る最大の難点であることについては、本書でも第二章で詳しく論じている。

さらに、広く受け入れられている「法人の人権」について、憲法学者の樋口陽一の指摘は、熟考に値する。

諸個人が自由な意思でとりむすぶ近代的結社を、国家からの自由によって保障するプロセスが、(人権宣言以後のフランスにおいて―引用者) 段階を追ってすすんでゆく (前述の一九〇一年法 (結社の自由法―引用者) は、そうした長い過程の決着点だった)。こうして、生みの苦しみを経て成立した個人を前提としてはじめて、近代を特徴づける国家からの自由という局面が開かれた。それに対し、日本の近代法は、はじめから、その局面を――制度として不十分なものではあれ――移入した。国家からの自由が公認される日本国憲法のもとで、結社の自由は、「法人の人権」という言いまわしをそのまま通用させることとなった。そこでは、本来の意味での「人」権のなりたちにとって、結社からの自由が追求される必要のあったこと、結社の自由が承認される段階になっても、それは何より諸個人の結社する自由――したがって結社しない自由を含む――を意味したこと、がうけとめられてこなかった。かえって、結社＝法人それ自体が自然人と同じ意味で憲法上の権利の主体として扱われることになった」(8)

樋口は、会社に自然人と同様に政治的行為をする自由を認めた、「最高裁一九七〇年六月二四日大法廷判決」[9]を例示して、個人の自由を前提としたうえでのみ法人の権利が存在しうるということを軽視し、両者を等置したものだと厳しく批判している。すなわち、「こうして、国家からの自由という、それ自体は人権の核心をかたちづくるはずの原則のもとで、それがのっぺらぼうに結社＝法人の自由として位置づけられることによって、そのような『国家から』『自由』な空間が、いってみれば『憲法番外地』とされるという、はなはだ逆説的なありようがつくられてきた」[10]のだと。したがって、このような「憲法番外地」においては、本来の人権としての人びとの自由の意義が疎んじられ、「法人の人権」優位の思想によってそれが抑制されることになるのは必然であろう。[11]有機体的企業観の根源は、ここにあるように思われる。

経済的富はあらゆる生活の基盤である。だがそれは、文明の成功の尺度では決してあり得ない。にもかかわらず不幸なことに、私たちは生産こそが生活の中心であるという根強い先入観、神話の奴隷になっているのが現状である。本書でくり返し述べてきたように、人間尊重経営、経済大国論、株主主権論等は、真に豊かな社会を創造するのではなく、生産増加を至上の命題とする神話であった。それは、ドラッカーの同時代人である経済学者のガルブレイス（John Kenneth Galbraith）の言葉を借りれば、現実の変化を映さぬ「通念」（conventional wisdom）なのである。[12]生産が至上の急務であった時代が終わっているにもかかわらず、私たちはいまだにそのような通念から逃れられないでいる。ガルブレイスは述べている。「経済学について書かれたり教えられたりしていることは、世界が変化しているのにそれを受けつけないような態度や信念を植えつけている、という遺憾な事実である」[13]、と。「経済学」を「経営学」と読みかえてもまた、現在に通じる真理であろう。

豊かな社会、ゆとり社会を真に実現するためには、経済的進歩の目的とその達成を担う企業の究極的な目的について再考すること、「有機体的企業観」の根本的な転換が、求められているのである。すなわち、課題は山積みではあるが、法人がヒトと同じようにあるいはそれ以上に自由に振るまえるような「憲法番外地」をなくすこと、「法人の人権」を適正な内容と範囲に正し、「労使関係を自由・対等な人格間の契約関係ととらえる市民法的発想」を育み、広く社会に浸透させることが、必須の課題となるであろう。生産偏重、企業中心の通念を払拭し、自律的で自由な個人を保障する社会、一生懸命働けば誰もが幸せになれると信じられる社会の創造が、今こそ求められている。

（1）「『関西スーパー』買収目指す『オーケー』が質問状」（NHK NEWS WEB）、二〇二一年九月二二日付。この件が法廷紛争になった経緯などについては、差し当たり次を参照のこと。「関西スーパー統合、最高裁が認める　オーケーは買収断念」『日本経済新聞』（nikkei.com）、二〇二一年一二月一四日付。

（2）Drucker, Peter F., *Concepts of the Corporation* (New Brunswick, New Jersey: Transaction Publishers, 1993, originally published in 1946), p. 5, 21. 上田惇生／訳『企業とは何か』ダイヤモンド社、二〇〇八年、五、二三頁。

（3）*Ibid.*, pp. 13-15. 同前、一二〜一四頁。

（4）*Ibid.*, p. 14. 同前、一四頁。

（5）Drucker, Peter F., *The End of Economic Man: The Origins of Totalitarianism* (New Brunswick, New Jersey: Transaction Publishers, 1995, originally published in 1939), p. 37. 上田惇生／訳『「経済人」の終わり』ダイヤモンド社、二〇〇七年、三五〜三六頁。

（6）*Ibid.*, pp. 36-37. 同前、三五頁。

（7）西谷敏『労働法における個人と集団』有斐閣、一九九二年、二五六〜二五七頁。西谷の次の深い洞察は、傾聴に値する。「近代市民法があらゆる個人を等質の原子として把握し、人と人との関係を自由な契約関係として構成したことは、偉大な進歩というべきものであった。諸個人をあらゆる経済外的強制から解放し、主体的な自己決定を媒介とした拘束、すなわち契約にのみ服せしめる、という市民法の原理は、能動的・主体的存在としての人間の尊厳の理念を根底にもつものであり、今日の法体系においてもなおその基本的重要性を失わないといえよう。／このことは、労働契約についても当然に妥当する。自由かつ対等な二つの人格（Personen）間の契約関係としての労使関係の法的構成は、いかに現実の支配従属関係を無視したフィクションであるにせよ、労働者の自立と解放の契機を抽象的ながら含んでいる点において、今日の労働法体系を支える一般的基礎として評価されなければならない。とくに、経営を有機的共同体と見、労働者をその分肢と見るような発想が巨大企業においてさえ十分に払拭されていないわが国においては、労使関係を自由・対等な人格間の契約関係ととらえる市民法的発想は、すでに克服された遺物であるどころか、むしろこれからはじめて定着させられるべき課題であるとさえいえよう」（同前、二五六頁。傍点は引用者）

（8）樋口陽一『一語の辞典　人権』三省堂、一九九六年、四三～四四頁。樋口によれば、まずもって個人の自由を保障することが一七八九年の革命の課題であった。「実際、大革命期の人びとにとって、現にある結社とは、個人の解放を妨げている身分制集団であり、そうした結社の自由ではなく、結社からの自由をつらぬくことが、革命の課題そのものなのだった」（同前、四三頁）その後、個人の自由を前提として、結社の自由が認められるようになったということである。個人と結社（法人）が同等の権利主体と考えられているのではない、ということである。至極もっともな見解であろう。

（9）樋口は、会社の政治資金の寄附行為について、最高裁判決から次の一節を引用している。

「……憲法第三章に定める国民の権利および義務の各条項は、性質上可能なかぎり、内国の法人にも適用されるものと解すべきであるから、会社は、自然人たる国民と同様、国や政党の特定の政策を支持、推進しまたは反対するなどの政治的行為をなす自由を有するのである。政治資金の寄附もまさにその自由の一環であり、会社によってそれがなされた場合、政治の動向に影響を与えることがあったとしても、これを自然人たる国民による寄附と別異に扱うべき憲法上の要請があるものではない。……」（同前、四四～四五頁）

（10）同前、四五頁。

(11)「企業内に一種の治外法権の如きものが認められた」ある最高裁判決を批判して、西谷は次のように述べている。「職場が本来業務遂行の場所であるということは、労働者が職場において労務以外の何ごとをもなしてはならないことはもちろん、使用者が従業員の『私的活動』を当然に制約できるということをも決して意味しないのである。使用者が『私的活動』を制限しうるのは、使用者が労働契約に基づく債権として請求しうる労働者の労務提供に抵触する場合、かつ労務提供に抵触する範囲に限定されねばならない」(西谷敏「企業秩序と労働者の市民的自由――最高裁二判決の批判的検討――」『ジュリスト』第六五九号、一九七八年三月、八〇～八一頁)

さらにまた、西谷は、「わが国の裁判所には……労使間における基本権条項の妥当を極力否定しようとする発想」、すなわち「企業を文字通り一私人として描き出し、その私人の自由を最大限に強調する」発想が根強く残っているとして、次のように述べている。「企業はもはや戸主(Herr in Hause)の支配する閉鎖社会ではなく、憲法及び法律の妥当する全体社会の一部分として開かれた性格をもつものと理解されなければならない。施設管理権や企業秩序の概念を拡大することによって企業施設内における使用者の専制的支配を認めることは、企業を一般社会から隔絶され治外法権をもった一つの小領土とみなすのと等しく、法治国家原則に真向から挑戦するものといわなければならない」(西谷敏「企業内における人権抑圧の論理――その法理論の検討――」『科学と思想』第三七号、一九八〇年七月、四九～五〇頁)

(12) Galbraith, John K., *The Affluent Society*, 40th Anniversary ed. (New York: Mariner Books, 1998), pp. 6-17. 鈴木哲太郎/訳『ゆたかな社会　決定版』岩波書店、二一～三八頁。

(13) *Ibid.*, p. iii. 同前、三～四頁。このような経済学者の態度に対置して、ガルブレイスは、同書のエピグラフとしてアルフレッド・マーシャル（Alfred Marshall）の次の言葉を引用している。「経済学者は、他のすべての人と同様に、人間の究極の目的を関心事としなければならない」（*Ibid.*, p. 1. 同前、ⅳ頁）

補章　経営学研究の視点

経営の指導原理を明確化することは、現代経営が直面する重要な課題の一つである。市場が課する競争の強制法則は、経営活動のグローバル化の進展とともにいっそう強く作用し、企業価値とは何かを真剣に考える暇を与えない。株主価値至上主義は、批判されるものの、批判の合理的根拠を示し、これに替わる指導原理、規範をみいだす努力が十分ではないために、揺らぎながらも依然として経営の指導原理の根底に据えられている。

それゆえ、現代経営学に課されているもっとも重要な課題の一つは、研究対象である経営の指導原理の客観性あるいは合理的根拠をみいだすことにある。ここでは、経営批判の立場を超えて合理的あるいは客観的な経営の指導原理、規範を探究しようとした先学の見解を検討することによって、批判を超えるより実践的な経営学、政策の経営学の可能性を探っている。

1 経営学研究の現状

企業は株主の価値（私益）を増大すべきものであるとの規範ないし指導原理の客観性は、それに対する批判の増大とともに揺らぎつつも、株主価値至上主義的な企業理論は相変わらず大きな影響力をもっている。その最大の理由は、企業が株主の私益の手段でないとする明確な論理立て、ならびに私益の手段ではない企業の指導原理とは何かを明らかにする努力が十分になされていないからである。企業の成長が社会公益の増進にとって不可欠であるという現実が存在する以上、現代経営の批判を超えた経営の指導原理の確立が求められている。

経営学の使命は、企業の経営活動の理論的認識に止まるのではなく、さらに経営の指導原理の理論的探究ならびにこれに基づき政策を提示すること、すなわち、経営するという実践の学、政策の学としての研究を進めることにあると思われる。[1] その際、まずなされるべきは、経営の指導原理を理論的に探究することである。この努力を欠いた目的達成手段の研究も必要ではあるが、それは、指導原理を所与として問題とせず、客観的にみれば現状肯定的価値判断に立つ一面的研究に止まらざるをえない。また、経営活動の指導原理には規範性が含まれるが、それは、市場経済のもとで経営活動を営む企業の現実から遊離した思惟的観念的な規範ではなく、現実の企業の理論的研究に基づき客観性、社会性を満たす合理的根拠をもつものでなければならない。

したがって、現代経営学の必須の課題は、規範性を含む経営の指導原理の合理的根拠をみいだすことにある。実践の学、政策の学としての「経営学の可能性と存在意義」は、このような努力にかかっていると思われる。にもかかわらず、現在、経営活動の指導原理の合理的根拠を探る努力に十分なエネルギーが割かれているようには思われない。

すでに述べたように、価値選択（規範の合理的根拠）を脇に置き目的合理性を追求する研究方向、あるいはそのような政策立案の学は、そもそも経営の指導原理を問題としない。それゆえ、実践の学、政策の学としての経営学的要請に十分に応えることができない。

他方、批判の経営学は、経営活動の理論的認識に基づき企業経営の生み出す問題を解明・批判、改善策を提示することを目的とする実践の学である。経営活動が人間の協働行為である以上、そこには必ず規範性が含まれる。それゆえ、批判の経営学も規範の経営学という性格をもつ。しかし、企業は批判すべき対象にすぎないとして批判を目的化するならば、企業の成長・発展に資するという視点を理論に組み入れることができないであろう。[2] したがって、このような立場をとるならば、批判の経営学は、企業は批判すべき対象にすぎないという規範に基づく経営学に止まり、経営活動を指導する原理を提示できず、実践の学、政策の学とはなりえない。

とすれば、いかにして経営の指導原理の探究が可能となるのであろうか。現在のところ、筆者は、企業は批判すべき対象であるとする批判の経営学の規範性を再考し、その上に立って新たな経営規範を、そしてその合理的根拠をみいだすことが重要ではないかと考えている。なぜならば、企業経営に対する批判的視点は、経営規範の合理的根拠をみいだすうえで不可欠であるが、企業批判それ自体は経営学の究極的目的ではなく、市場経済のもとで経営活動を営む企業の成長・発展を指導することこそが、経営学研究の目的であると考えるからである。[3] 企業の経営活動を批判する批判の経営学と、規範の経営学の実践志向性を結びつけた真に実践的な経営学、政策の経営学の可能性を考えることができないのであろうか。

ここでは、政策の学、実践の学としての経営学の進展を探究した古林喜樂と池内信行の見解を検討することによって、以上の点を考えてみたい。

(1) 池内信行『経営経済学論考――わが経営経済学の回顧と展望』東洋出版社、一九三五年、二一頁。

(2) 「批判の経営学」という表現を用いたのは、いわゆる「批判(的)経営学」の内容が多岐にわたっているためである。筆者には、多様な内容をもつ「批判(的)経営学」の特質を簡明に示すことはできないが、あえて特徴づけるとすれば、経営学を認識・理論科学であるとし、企業は批判すべき対象であるという規範を根底に据えた研究であるといってよいであろう。それゆえ、このような特徴をもつ経営学を、「批判の経営学」とした。

（3）筆者のこのような見解の対極の立場にあるのが、次のような見解である。当時、経営学の研究を志そうとしていた筆者は、表題に大いなる期待抱いて雑誌を買い求めたが、著者の見解に触れ、愕然とし落胆したことをはっきりと記憶している。時代状況が異なるとはいえ、筆者はこのような主張を容認することができない。「われわれにたいしては、現存する経営学を批判すべきであるというきわめて現実的な課題が提起されているといわねばならないのである。そこには、この経営学批判という課題にさきだって、第一義的に科学としての経営学や批判的経営学をマルクス経営学との関連で確立するという課題がはいりこむ余地はない。……経営学の歴史的性格からいって、資本主義の独占段階においては科学的立場としての労働者階級の立場からの経営学は本来的に成立しえない」（山下高之「経営学の歴史的性格と科学的立場」『経済』新日本出版社、一九七六年五月号、二一九頁）

2　批判の経営学と実践性

古林喜樂『経営経済学』の「あとがき」で、海道進は、古林の経営学方法論は経営学が日々の経営実践上の具体的問題を解決しなければならないと主張するも、たんなる経営実践の手段や方策の技術主義的研究ではなく、本質を究明する理論研究に基礎づけられた技術論的研究であることに独自性があると述べている。だが、古林独自の技術論的研究についての海道の評価は否定的である。古林は「技術論的研究にまで入り込むことによって、経営学は初めて経済学から区別せられた自らの研究領域を構成することができる」と述べるが、「経営学が日常の経営的実践の技術論的研究を含めなくとも、原理論的研究を内容として、経済学と区別された独自の学問的領域を構成し、一個の科学として成立しうる」ことは古林自らの研究内容が示している、というのが海道の見解である。(1)

国民経済学においては、企業内部の構造にかかわる個別資本の運動の詳細な多くの経済的問題についての究明は行われない。経営学は、この具体的な問題を理論的に究明する。それは、いかに企業の経営を管理し組織し指導するかの実践的な立場から技術論的に研究するのではなく、客観的に存在する経営現象の中にある個別資本の運動法則の貫徹をより詳細に究明しようとするものである。(2)

以上のように、「いかに企業の経営を管理し組織し指導するかの実践的な立場」を認めない海道には、技術論的研究は経営学の学問としての独立にとっての必要条件ではない。(3) 門脇延行もほぼ同様の観点から、片岡信之の見解を援用して、経営学の研究対象を企業の生産関係とするならば、技術論的研究の対象となる管理や組織の問題をとりあげることが可能になり、それらの問題の研究をあえて技術論的研究と呼ぶ必要もない、と述べる。そして古林の方法論と実際の研究内容が一致していないことは「幸いにもと言うべきか」と述べ、海道と同じく、古林の方法論的「矛盾」を批判する。(4)

古林の研究方法に対するこれらの批判は、社会総資本に対する個別資本の自立性についての古林の無理解、理論研究の不十分さとの批判であるに止まらず、経営学は理論的研究でよいとの主張であろう。(5) 経営学の経済学からの自立可能性の立論に、技術論的研究の必要性の有無が重要ではないとの上記主張は、おそらく正しい。しかし、古林の最大の関心が、経営学の経済学からの自立可能性の論証にあったのであろうか。技術論的研究の客観性や社会的意義の探究は、そのような学問的関心からのみ行われたのであろうか。そしてまた、技術論的経営学は資本主義企業がもたらす経済現象の理論的研究、すなわち批判の経営学とは相いれないものであろうか。以下では、この点を検討する。

技術論的研究の意義と方法について、古林は次のように述べている。

> 資本主義社会が存続している限り、経営において日常生起する問題を、資本主義的生産関係のもとにおいてではあっても、解決していかなければならないところに、技術論的研究の成立する根拠がある。〔その際――引用者〕、技術論的研究は資本主義的生産関係を前提

にしている自己の本質に対する批判を怠って、盲目的な手段・方策の研究に陥り、社会の発展を妨げるがごときことはあってはならない。(6)

経営自体が、資本主義社会の発展に応じて移り変っていく。手段・方法の立っている地盤自体が推移していく。この技術論の前提にしている地盤、手段・方策のよってもって立っているところの地盤自体の推移の究明は、理論的研究にまたねばならない。だから理論的究明と結びつかない単純な技術論的研究は、いつしかその地盤を失って仮空なものになってしまうのである。(7)

要するに、経営実践に主体的に寄与する経営学、経営するという立場からの経営学の構築、これが古林のいう技術論的研究の真に意図するところである。技術論的研究を不要だとする見解は、資本主義企業の経営批判の理論的研究の立場に立つ。この点では古林もまったく同様であること、右の引用に明らかである。資本主義企業の経営活動のもたらす問題を理論的に究明することは、日々の経営実践が生む問題の批判と課題解決策の提示に寄与しうる。その意味で、実践性をもっており、資本主義経営実践に対する批判の経営学として十分に意義ある研究である。

このような批判の経営学は、古林が強調するように学問の客観性をもちうる経営学研究であろう。なぜなら、ここでいう客観性とは、学問の目的の客観性、すなわち「社会の公益に貢献するような可能性」(8)のことであるからである。理論的研究としての批判の経営学は、社会の公益に寄与しうる研究であり、学問の客観性をもちうる経営学研究であろう。しかしながら、古林は、ここに止まっては経営するという視点に立った実践の学としての経営学研究は不十分であると考えているように思われる。なぜなら、批判はあくまで批判であり、問題を究明し指摘し社会的に意義ある経営実践の改善策を提示しうるとしても、受動的行為に止まるからである。批判という行為は、経営活動の主体性、主導性を意味するもの、すなわち社会の公益に主体的・主導的に貢献しうる指導原理を創造すること、それ自体では決してないからである。

批判を超えた主体的で主導的な経営学研究、いいかえれば政策の経営学の樹立、これが古林の目指した技術論的研究の真意、実践性の志向であったと思われる。

(1) 海道進「あとがき」、古林喜樂『経営経済学』(古林喜樂著作集　第四巻)千倉書房、一九五〇年(一九八〇年再刊)、二頁。
(2) 海道進「古林喜楽――経営学方法論の特徴」、古林喜楽／編『日本経営学史――人と学説　第二巻』千倉書房、一九七七年、四五頁。
(3) 同前、四四～四六頁。

（4）門脇延行「古林経営学――人と学説――」、経営学史学会／編『日本の経営学を築いた人びと』文眞堂、一九九六年、五七頁。「古林博士の方法と理論との間の間隙、非一貫性がある。この非一貫性によって、幸いにも原理論としての経営経済学が経営現象の技術論的研究を行う経営経済学に対して優位性をもつものであることが示されている」（海道進、前掲論文、四七頁）。

（5）「原理論としての経営経済学は……資本主義企業経営の本質、原理の追求……経済的な原理、法則の追求に専心すべきである。そして、この原理＝法則性の究明こそ、究極的には、いかなる人といえどもそれに従わなければならない実践の客観的指針を与えることになるものである」（同前、四六頁）

（6）古林喜樂『経営経済学』（古林喜樂著作集 第四巻）千倉書房、一九八〇年（一九五〇年初出）、三二頁。古林喜樂『経営学方法論序説』三和書房、一九六七年、八四頁。

（7）古林喜樂『経営経済学』、二六頁。

（8）古林喜樂「経営学の技術論的研究」『経営学の進展』（古林喜樂著作集 第五巻）千倉書房、一九八一年、一五五頁（一九六七年初出）。

3 指導原理としての規範の意義

では、批判を超えて経営実践に積極的に寄与しうる経営学研究の学問としての客観性は、いかにしてあるいはそもそも担保しうるのか。古林はこの客観性をみいだすべく、経営学の独自性の創造に苦闘してきたいわゆるドイツ規範的経営学研究の実践的態度から学ぼうとする。規範的研究に意義をみいだす古林の基本的立場は、次の言に明らかである。

規範学派の実践的態度はまたわれわれの軽視してはならないところである。自由放任的個人主義の時代においては、経済の実践的な法則は比較的単純である。経済生活の社会的規律が度を増すにしたがって経済の実践における規範、経済の実践的法則が多様となり、科学的研究を促すにいたる。このような立場において、規範的研究は、経済の実践をとりわけその研究対象とするところの経営学と密接な関係をもつこととなる。(1)

経営が経済生活の規律の領域を拡大するにしたがって、経済の実践における規範を次第にもたらす。それは現実の経営の地盤から生ずるところの経験的規範でもある。もとよりそれは現実の具体的条件の上に成立するものであるから、特殊的・歴史的なものである。規範的研究は一方においてこのような特殊的・歴史的条件を媒介とすることによって客観的な規範の体系を探究し、それとの結びつきにおいて経験的規範を根拠づけ、また他方においては具体的な経済の地盤それ自体をば科学的に究明することによって規範の客観性を根拠づけつつ、規範的研究それ自体をばより客観性をもったものに推し進めなければなら

ない。(2)

このような規範的研究の一例として、それが不十分なものであることを認識したうえで、シュマーレンバッハの方法論的立場に注目し、技術論的研究の客観性を探ろうとする。

シュマーレンバッハが技術論的立場を強調したのは経営学者としては当然のことであり、また技術論とはいいながら、経営方策のよって立っているところの経営の地盤、さらに経営のおかれている社会経済的関連にまで究明を進め、自由経済から拘束経済への推移に伴って、個々の経営のなかに必至的に生起する矛盾と混乱とを突きとめた上で、経営実践の課題を探究している点は、通俗的技術論とはまったく趣を異にし、技術論的研究の前提としての理論的研究においても、似而非なるいわゆる理論学派のそれよりも、はるかに理論的であるのであって、教授の所説の個々の点についての批判は別として、これらの点において教授の経営学に寄与した業績は高く評価されなければならない。ただ教授の方法論における問題は、表面に強調されている技術論の立場そのものよりは、むしろその技術論的研究の基礎におかれているところの理論的研究そのものの科学性の程度にある……。(3)

右の引用で古林が指摘している「理論的研究そのものの科学性の程度にある」とは、おそらくシュマーレンバッハが、彼のいう拘束経済において技術論的研究の妥当性を根拠づけるために設定した、目的としての「共同経済的生産性」概念の客観性あるいは科学性の有無のことであろう。

「拘束経済下の企業経営が、特に独占企業の経営が、共同経済的生産性の見地からすれば、幾多の重大な欠陥を包蔵していること、そしてこれを改善することこそが、経営経済学の課題であるとする教授の……技術論に対する初期の非難は、少なくとも表面上はその的を失うにいたるのである」[4]と古林が述べているのは、技術論的研究の目的を個々の経営における私的営利追求ではなく「共同経済的生産性」という概念に置き換えること（目的の置換）によって、利潤追求のための技術論だとの批判（「初期の非難」）はひとまず回避しうるということである。

しかし、シュマーレンバッハが設定したこの新たな目的としての「共同経済的生産性」が、観念的な規範ではなく、古林のいう経験的規範、すなわち具体的な経済過程の科学的・客観的な究明によって根拠づけられたものとして客観性をえるには、「共同経済的生産性」という目的あるいは価値選択の合理的根拠が明示されなければならない。古林の指摘から推論すれば、シュマーレンバッハはこの点を明示しえていないのだと思われる。それゆえ、シュマーレンバッハの方法論における問題が「理論的研究そのものの科学性の程度にある」と述べたのであろう。

古林と同じく規範の重要性に着目し、「いわゆる私経済的立場と協同経済的立場との総合統一」という観点から、規範の重要性を強調し[5]、「実践力をもった学問」「実践学」の構築を提唱する論者に池内信行がいる[6]。池内は、次のように述べている。

経営経済学は固有な意味における私経済学であってはならない。それは実証的探究意識を保存しながらもしかも協同経済的意識をそのうちに含む原理を指導者として個々の産業を「導く」実践力をもった学問としてうちたてられねばならない。そしてこの原理は固定しきったものとして把捉さるべきではなくてむしろ「生きたもの」「発展するもの」として、いわば現実の産業経営をつねに導くものとして考えられねばならない。もとよりそれは私人または特殊社会層のための研究ではなく、社会の、したがってまた人間の生活の促進をめざす研究でなければならない。かくて初めて経営経済学は、学問として、したがって「学問の客観性」が付与せられ、その発展は、このかぎりにおいて望ましい[7]。

以上の引用から明らかなように、経営規範を指導原則と位置づける池内の実践学としての経営学構築のためには、古林の場合と同じく規範の客観性、根拠づけがことの外重要となる。池内によれば、規範は「社会的矛盾に相応する意識」であり、「そのもとの生活地盤が乱されているとき」そのような意識が表面化するのであり、この規範的意識が表面化する「自然必然性を、学問的に純化することが必要である」[8]。

自由主義的世界観に立つ研究の矛盾、すなわち「経営経済の発展そのものが、換言すれば産業経営を支配する『固有の意味における合理原則』そのものの自己発展がかえって『社会的非合理性』として表れつつあるこの矛盾を、経営経済学は見ないわけにはゆかぬ[9]」からである。

経営経済学一般を貫く探究意識は、すくなくともわが国におけるそれは、一般的にいうかぎり認識論的には「科学主義」であり、事実的には「目的合理主義」の認容である。私は、そのいづれの歩みも修正されねばならぬと思う。……そして実際、個人のあるいは特殊社会層のための学問というものは、厳密にいってあり得ないしまたゆるさるべきでない、と思う[10]。

このように考えるからこそ古林と同じく池内も、資本主義経済のもとでの企業の経営実践上の問題を理論的に究明すること、批判することの重要性を強調するのである。そしてそれを超えて、経営実践の指導原理を構築することが特に重要だと考えているのであり、そのために規範の重要性を指摘し、その客観性あるいは合理的根拠を解明することの意義を強調しているのである。しかしながら、経営実践の指導原理をどのようにして根拠づけるのか、すなわち規範の客観性、合理的根拠をいかにみいだすかについて、池内の明快な解はないように思われる。では、古林はどうか。

(1) 古林喜樂「規範科学としての個別経済学」『ドイツ経営経済学』(古林喜樂著作集　第三巻)千倉書房、一九八〇年、一二〇頁(一九三五年初出)。
(2) 同前、一二一頁。
(3) 古林喜樂「シュマーレンバッハの経営学方法論上における地位」『ドイツ経営経済学』、一九二~一九三頁(一九五三年初出)。
(4) 同前、一九〇頁。
(5) 池内信行「規範科学としての経営経済学」『商学評論』第一二巻第二号、一九三三年九月、一~九頁。
(6) 池内信行『経営経済学論考』東洋出版社、一九三五年、一~四三頁。
(7) 池内信行「経営経済の総合的把捉(其三完)」『會計』第三六巻第四号、一九三五年四月、四〇頁。
(8) 池内信行「経営経済の総合的把捉(其二)」『會計』第三六巻第三号、一九三五年三月、四七~四八頁。
(9) 池内信行「経営経済の総合的把捉(其三完)」、三九頁。
(10) 同前。

4　規範の合理的根拠

経営実践の理論的研究とその批判から、古林のいう経験的規範を導きうるのであろうか。以下に述べるように、古林はいわば公正な利潤追求ともいうべき規範を据え、そのための政策研究ならば客観性・科学性をもった技術論的研究になりうるとの考えを示していると思われる。しかしながら、結論的にいえば、その規範の客観性ないしは合理的根拠を十分に示しえておらず、経営の指導原理たる経験的規範を導き出すことに成功してはいない、といわざるをえない。

古林は、「法則としての利潤追求（第一次収益性）」、すなわち受け入れざるをえない現実と、「目的としての利潤追求（第二次収益性）」とを区別しなければならないという。資本主義における企業である限り、大前提として根源的目的としての利潤追求はこれを認めなければならないということ（法則としての利潤追求）と、これを達成するためのさまざまな方策（目的としての利潤追求）との区別である。後者の第二次目的には、独占利潤の追求や盲目的営利主義がある一方で、独占禁止や労働者保護の経営理念がありうる。それゆえ、「このような第二次目的との関係においては、盲目的営利主義のようなものを除けば、一応技術論的研究が、Profitlehre〔利潤追求学―引用者〕としての批判を免れることができる」[1]。もちろん、これらの第二次目的といえども第一次目的を達成するための手段であることは間違いない。それゆえ、「間接的には、利潤追求に結びついているのではあるけれども、一応直接的には利潤追求とは結びつかない。このかぎりにおいては、Profitlehre とはならないで、科学的研究になりうる可能性が生じてくる」[2]のである。

以上のように、古林は、いわば公正な利潤追求という目的を規範に据え、直接的には利潤追求に結びつかないこの目的達成のための技術論的研究においては科学性をもちうると主張する。ただし、「一応」あるいは「一応直接的には」という表現にみられるように、消極的主張となっている。第二次目的であるべき独占禁止や労働者保護という、盲目的営利主義に対立する目的についての技術論的・政策的研究でさえ、間接的ではあれ利潤追求の手段的研究になる。それゆえ、古林は、技術論的研究の客観性ないし科学性の根拠を積極的には主張していない。古林の提唱する技術論的経営学は、資本主義企業が生み出す問題の理論的究明に止まらず、これに基づいたより積極的な課題解決のための政策提示という積極的側面を含むとはいえ、結局は批判の経営学の枠内に止まるものであるといわねばならない。技術論的研究の客観性ないし科学性の根拠を積極的に主張しえないかぎり、実践の学、政策の学としての経営学研究の進展は望みえない。古林の方法論的独自性は、残念ながら自らの研究内容に十分に活かされていない、といわざるをえないのである。

しかしながら、そのことを安堵する海道らの先の評価とは異なり、筆者は、古林や池内の探究しようとした実践の学、政策の学としての経営学研究を客観化、科学化する道が、すなわち、「経験的規範」（合理的根拠に基づく規範）を探る道があるのではないかと考えている。古林は、利潤追求を法則と目的に二元化し、法則としての利潤追求自体は所与としたうえで、目的としての利潤追求に規範性を採り入れて技術論的研究の存立を根拠づけようとした。この場合の独占禁止などの目的は、社会的公益の推進という視点から企業の営利性を規制するという規範であり、当然に客観性をもつ。したがって、規範としての独占禁止や労働者保護という理念に基づく経営政策およびその研究は、社会的公益に寄与するものであり、「資本主義強化策」として消極的に意味づけする必要はない[3]。

にもかかわらず、なぜ消極的になるのか。おそらく古林は、企業の営利活動を公益とは調和不能な私益ととらえ、両者は永続的に対立するものであるという観点に立っている。それゆえ、独占禁止や労働者保護などの規範は企業にとっては外的な社会的規制の理念にすぎず、企業活動に内在する指導原理たりえない、と考えているのだと思われる。社会的公益の観点から私益を規制する視点は重要であるが、それは規制であって、ここからは積極的に企業の指導原理を導き出すことはできない。企業の営利性（私益）原理そのものから公益性を導き出さない限り、古林のいう技術論的経営学の可能性はみいだせないのである。古林は、これに成功していないのである。

現実としての企業の営利性を否認し、演繹的ないし観念的規範を設定するいわゆる規範の経営学に対して、古林は、「理想の定立のまえにまず現実の経済の過程の精確な分析の必要が必須的に生ずる」[4]、と批判する。私的所有が認められ、商品生産が全面化している資本主義社会で活動する限り、古林のいう企業の法則としての利潤追求は、与えられた前提としなければならない。しかしながら、「現実の経済の過程の精確な分析」に基づけば、今日の企業は、自由に私益を追求することが承認されている存在では決してない。すなわち、法則としての利潤追求は、特定の誰かの利益のために行うことができない現実があるということであり、結果としては社会の公益との調和が期待されているのである。

第一に、企業の利潤追求、すなわち「営業の自由」は、その営利性が公共の福祉に反しないかぎりで認められている権利であり、したがって、結果として社会の公益に寄与することが期待されている[5]。そして第二に、営利性を本旨とする企業それ自体も、個々人とりわけ株主の私益追求の手段ではない。主たる企業としての会社（その典型としての株式会社）は、法人として存在する。この法人は、誰かが所有するモノではなく、法的に認められたヒトであり、それ自体が自然人と同じく、財産をもち活動の自由を認められた社会的制度（機関）であるからである。

自然人であるヒトは、公共の福祉に反しないかぎり活動の自由と権利が認められている。法律上のヒトとしての法人企業は、自然人以上に自由や権利が認められているわけではない[6]。自然人が、持続的に成長することを通して結果としては社会発展に寄与する存在として職業選択などの自由が認められているのと同じく、法人としての企業もまた、持続的に自らの価値を高める行動を通じて社会の公益に寄与しうる存在として、営業の自由が認められているのである。このような企業の利潤追求行動は、企業それ自体の価値を持続的に高める行動として社会的に承認されうるものと考えられる。したがって、企業それ自体の価値を高める行動を指導する原理と政策の研究は、客観性をもち社会の公益に資するものとなるであろう。このような研究は、古林のいう独占禁止や労働者保護の視点からの研究となるであろうし、また環境保護などの視点からの研究ともなるであろう。

現代の企業が誰のためにどのように経営されるべきかについての規範の客観性、合理的根拠をみいだすのは容易ではない。しかし、現代企業の指導原理としての規範、古林のいう「経験的規範」を探究する努力が今ほど必要とされているときはない、と思われる。理論的研究に基づく批判の経営学（現状改善策の研究を含む）を超えて、主体的で主導的な経営学の研究、古林の言葉では「技術論としての経営学」、池内の言葉では「実践学としての経営学」、これを要するに「政策の経営学」の可能性を探究することが、求められているのである。

（1）古林喜樂「経営学の技術論的研究」、一六一頁。
（2）古林喜樂「経営経済学の方法論」『経営学の進展』、一八四頁（一九七〇年初出）。
（3）古林は次のように述べている。「だから結局は、経営学における技術論は、利潤追求目的に奉仕するものであると言えないこともない。独占禁止でさえ、独占の暴走を抑制するだけのことであって、結局は中小企業の崩壊作用を緩和し、資本主義経済体制を強化するものであるとも言いうる。……しかしながらされればといって、これらの問題を放てきすることができるであろうか。資本主義社会に生きている限りは、資本主義社会の地盤において、日常生起してくる問題を解決してゆかねばならないのである」（同前、一八五〜一八六頁）。
（4）古林喜樂「規範科学としての個別経済学」、一一九頁。
（5）「何人も、公共の福祉に反しない限り、居住、移転及び職業選択の自由を有する」（日本国憲法第二二条第一項）。
（6）しかしながら、わが国において、法人が自然人と同じ意味で憲法上の権利の主体として扱われていること、そしてそのことが当然であるかのように肯定される思考が根づいていることの問題性については、本書の第五章第二節を参照のこと。

5　政策の経営学

筆者の問題意識は、批判の経営学の限界を指摘すること、ならびにその限界の克服を通じて政策の経営学の可能性を探ることである。資本主義企業の指導原理の探究には、困難が伴う。というのも、この指導原理の客観性をみいだすのが容易ではないからである。この困難な課題にとりくみ、政策の経営学の可能性を一貫して探究した代表者として、古林喜樂と池内信行の研究を、とりわけ古林の技術論的経営学構想を検討した。両者の研究方法はともに批判の経営学に属するが、その研究姿勢は、政策の学としての経営学認識を欠き批判を目的化したような批判の経営学とは、一線を画している。すなわち、経営行為の主体としての立場から、いかに経営すべきか、すべきでないかという視点、経営の目的と方法の客観的根拠を探究する視点を経営学に取り入れようと努力しているからである。

当時から長い年月が経過したが、われわれは両者の問題意識を十分に継承し、その研究成果を進展させているのだろうか。いま一度、考えてみる必要があるのではないか。現代企業の営利性についての理論的研究に基づき、経営規範選択の合理的根拠を探究し、政策の学としての経営学の可能性を探ることが、いま求められていると思われる。池内の次の言は、経営学研究の本質をいい表しているであろう。

経営経済学はかくして経営倫理、または経営規範を指導原則（経営倫理論）とし、経営経済の本質的認定のもとに（経営理論）、経営の指導原理に合するよう技術的なるものの合

理性を求める（経営技術論）、これら三つの意識の総合からなる意識を原理とするいわば総合的経営経済学である。(1)

筆者は、資本主義企業の生み出す問題の批判を中心とする理論的研究（批判の経営学）の意義を承認しつつも、それがもつ経営実践への貢献という面での方法の限界を指摘した。そのうえで、企業経営の指導原理を探究しようとする努力（規範の経営学）の実践志向性に着目し、思惟的観念的な規範ではなく、現実の企業を指導しうる合理的に根拠づけられた原理、すなわち経験的規範の理論的探究とこれに基づく政策研究（政策の経営学）の推進によって、経営学は真に実践性を獲得しうるのではないかということを主張した。

批判の経営学の枠内に止まったとされる古林喜樂の経営学の技術論的研究だが、筆者はそのようには考えない。古林や池内の経営学方法論は、批判の経営学の基盤のうえに規範の経営学（経験的規範の理論的探究）を採り入れて、実践的な政策の経営学の構築を企図したものであったと思う。その構想が実り多いものであったとは必ずしもいえないけれども、筆者は、現代経営学、とりわけ批判の経営学の研究方法に対する貴重な示唆であると考えている。

それゆえ、古林と池内の経営学研究の方法に学びながら、とりわけ古林経営学の現代的意義を探り、批判の経営学の再考を試みたのである。

（1）池内信行「経営経済の総合的把捉」『會計』第三六巻第一号、一九三五年一月、三五頁。

あとがき

経営学という学問の枠にとらわれていた私にとって、ピーター・ドラッカーの著作は、長い間あまりなじめない存在だった。もちろん、一九五四年に発表された『現代の経営』（*The Practice of Management*）は、企業の経営と経営学への私の関心を絶えずかきたててくれる貴重な愛読書のひとつではあったのだが。

あることをきっかけに、彼の初期の著作である『「経済人」の終わり』（*The End of Economic Man*, 1939）と『産業人の未来』（*The Future of Industrial Man*, 1942）を読む機会をえた。これらの書におけるドラッカーのメッセージは、自由で機能する社会の実現こそが、ファシズム全体主義の芽を断つことになるということである。ファシズム全体主義の猛威が吹き荒れる中で執筆されたナチズム批判の書ではあるが、ドラッカーの慧眼は、いつの時代であるかを問わず社会の究極の目的についての規範を示している。彼の洞察の正しさは、元米国国務長官の故マデレーン・オルブライトの著書『ファシズム　警告の書』（*Fascism: A Warning*, 2018）が、はっきりと示している。

『産業人の未来』の一九九五年の「まえがき」において、ドラッカーは次のように述べている。一人ひとりの人間に社会的な位置と役割を与えることは時代を超えた課題であって、これに応えるのが企業を含む社会組織である。そしてその権力が正当性をもつ場合にはじめて、社会が十分に機能することができる。つまり、人びとが平等で自由に生きることのできる社会、組織がその存在と行動の正当性をもつ社会が自由で機能する社会であり、めざすべき社会であると。そして、そのような社会は経済発展を最高の目的であるとする思考、人間を経済人とみなす思考を捨てることによって可能となるのだと。経済至上主義の信条、すなわち人びとの自己実現は経済的成功と経済的報酬によってのみ図られるという「経済人」の信条の終焉、破綻を予見している。ドラッカーは規範論者なのであろう。だが、彼の規範は、決して抽象的観念的なものではない。古林喜樂の言を借りれば、「経験的規範」（合理的根拠に基づく規範）である。筆者もまた、この思想を共有している。

若きドラッカーの予見から、早くも八〇年の歳月が流れた。日本の現状に照らしても、いまや「経済人」の概念、経済至上主義の信条が正当性をもちえないことは間違いない。しかし一方でガルブレイスのいう「通念」から未だ脱しえず、それに代わるべき社会の目的や規範がみつかっているわけではないのもまた、事実である。そしてこの難題の解決に取り組むことは、社会科学の教育研究に従事する者に課された責務でもある。

本書は、以上の課題に対して筆者なりに取り組んできた成果の一端である。あまりに乏しい「成果」といわざるをえないけれども、経営学の教育と研究に携わってきた者として、どのような視点に立って研究し教育するか、筆者なりに長年考えてきた。他の章とはやや異質な「経営学研究の視点」を補章として加えたのも、それゆえである。この論文は、日本経営学会第八七回大会（二〇一三年）の統一論題「経営学の学問性を問う」において報告した内容を文章化したものである。未熟な内容ではあるけれど、筆者の経営学研究の立場を率直に示しており、本書全体を貫く基本理念を示している。

各章の原稿のもとになった初出は次のとおりであるが、全体を統一するうえで大幅に加筆しているものもある。転載をご許可くださった関係機関に厚く御礼申し上げる。

「第一章　成功の謎解き」『日本的経営論』の一論調」『関西大学商学論集』第三五巻第六号（一九九一年二月、四五~六四頁）、および「『日本的経営』論の新動向」稲村毅・仲田正機／編著『転換期の経営学』中央経済社、第九章（一九九二年五月、一六七~一八二頁）。

「第二章　経営と人間の尊厳」「日本の経営組織と行動理念」稲村毅・百田義治／編著『経営組織の論理と変革』ミネルヴァ書房、第七章（二〇〇五年七月、二〇七~二三一頁）。

「第三章　経営機構改革と経営理念」「経営機構改革の動向と企業価値」『人間関係の今日的様相とその意味：資源としての「社会的絆」を基幹概念として』科学研究費補助金 基盤研究（C）研究成果報告書（研究代表者、高木修、二〇〇八年三月、三五～五四頁）、および「トップ・マネジメント組織の改革動向と日本型経営」『調査と資料』関西大学経済・政治研究所、第一〇五号（二〇〇八年三月、二九～四三頁）。

「第四章　経営者の役割」「日本企業と経営者」『調査と資料』関西大学経済・政治研究所、第一〇七号（二〇一〇年三月、五九～六八頁）。

「補論　企業価値の再考」「統一論題サブテーマ1：企業価値の再考、討論」日本経営学会／編『【経営学論集第80集】企業と社会：いま企業に何が問われているか』千倉書房（二〇一〇年九月、三四～三五頁）。

「第五章　経営の未来」書き下ろし

「補章　経営学研究の視点」「規範、批判の経営学と政策の経営学──技術論的経営学の可能性──」日本経営学会／編『【経営学論集第84集】経営学の学問性を問う』千倉書房（二〇一四年九月、七二～八〇頁）。

筆者は、これまでに『ビジネス・アイ』(文眞堂、二〇一二年。第三版、二〇二二年)と『ビジネスとは何だろうか』(文眞堂、二〇二〇年)という啓蒙書を執筆している。前者は、主に高等学校商業科で学ぶ生徒を対象としている。後者は、この書をより幅広い視点から内容を豊富化し、大学生を中心とする若者を対象として執筆したものである。二つの書物のタイトルに示されているように、これからの社会を担う若い人たちに、ビジネスをみる眼を磨き自分自身でビジネスの現象を読み解く力を育んでもらいたいと願っている。本書は、これらの書物の基礎となる、筆者のビジネスについての見方、日本の経営についてのとらえ方をより深く検討したものである。グローバルな視点から公共の精神をもって、自らの生活と社会をよりよくするように努力している人びとに、本書が少しでも役立つことができればうれしく思う。

私が最初に経営学の教育研究に携わったのは一九八二年、母校の高知大学においてである。数年の後、研究業績があまりなかったにもかかわらず関西大学にお招きいただき、二〇二〇年に定年退職するまで三二年間勤務させていただいた。関西大学では、教育と研究に加え、私にはあまり向いていない行政職も比較的長い間経験した。行政職に就くとき、アメリカの師であるダニエル・A・レン先生(オクラホマ大学名誉教授)に愚痴をこぼすと、レン先生はおっしゃった。「アメリカと違って任期が終わればまた普通の研究者に戻れるし、何よりもマネジメントの実践のいい機会じゃないですか」、と。先生の言葉で胸のつかえがスッととれた気がした。そうか、経営学者としての貴重な機会を与えてもらったと思えばいいのだと。それ以降、この経験が私の経営学教育と研究の支えとなっている。

本書の出版に際しては、関西大学からご支援をいただき、出版部の岡本芳知さんには様々な点でお世話になった。柴健次先生（関西大学大学院会計研究科教授）と西村成弘先生（関西大学商学部教授）は、本書出版の推薦文をお書きくださった。これまでお世話になったすべての皆様に、心から御礼申し上げる。

二〇二三年二月二二日

古希を迎えて

廣瀬幹好

索　引

索　引

著者紹介

廣 瀬　幹 好（ひろせ　みきよし）　博士（商学）

1953年香川県生まれ。

1975年高知大学文理学部経済学科卒業、1982年大阪市立大学大学院経営学研究科博士課程中退。高知大学人文学部助手・講師・助教授、関西大学商学部助教授・教授を経て、2020年より関西大学名誉教授。

専 攻　ビジネス・マネジメント、経営思想史

著 書　『技師とマネジメント思想』（文眞堂、2005年）
『ビジネス・アイ』（文眞堂、2012年。第3版、2022年）
『変革期のモノづくり革新』（共編著、中央経済社、2017年）
『フレデリック・テイラーとマネジメント思想』（関西大学出版部、2019年）
『ビジネスとは何だろうか』（文眞堂、2020年）
『ビジネス・マネジメント』（監修、東京法令出版、2023年）
『グローバル経済』（監修、東京法令出版、2023年）他

経済大国 日本の経営 ―豊かさのゆくえ―

2023年12月25日　発行

著 者　廣 瀬 幹 好

発行所　関 西 大 学 出 版 部
〒564-8680 大阪府吹田市山手町3-3-35
電話 06(6368)1121／FAX 06(6389)5162

印刷所　株式会社 遊 文 舎
〒532-0012 大阪市淀川区木川東4-17-31

ISBN 978-4-87354-772-5 C3034　落丁・乱丁はお取替えいたします。